続「旅に出て、釣る」

老いてからのフィッシング

目次

第Ⅲ部　75歳からのフィッシング
――日本市民スポーツ連盟名誉会長のウォーキング日記より　109

第Ⅳ部　自然を楽しむフィッシング
――放送大学教材　139

まえがき

　第二次世界大戦終結後の一〇歳ごろ、東京の下町を流れる荒川放水路でハゼ、カレイ、ウナギ、セイゴなどの小魚を釣り始めた。それから二〇年余り止めていた釣りを、三〇歳ごろから再開し、およそ三〇年が経過した。その間さまざまなところで釣りを試み、六〇歳で一回目の定年退職を機会に「旅に出て、釣る」という本をまとめた。その後、あっという間に二十数年が過ぎ、これまでほとんど意識したことがなかった「年男」の八四歳となった。次の「年男」になるのは何歳かと意識せざるを得ない。九六歳。無理な話だと思う。

　いわゆる後期高齢者になるころから、身長の短縮が進行するとともに、あちこちと体調がすぐれず、医療機関で次のような治療を受けた。

　七六歳のとき胆石が親指大にまで肥大したので、杏林大学病院に四日間入院して腹腔鏡下手術によって胆のうを摘出した。七八歳の秋に東京大学病院で生検によって前立腺がんが見つかり、七九歳の春に内視鏡下ダビンチロボット支援前立腺全摘手術を受け、八日間入院後しばらくフレイルな状態に悩まされた。八〇歳春から痛み出したむし歯、歯周病の治療とȯも

「旅に出て、釣る」表紙

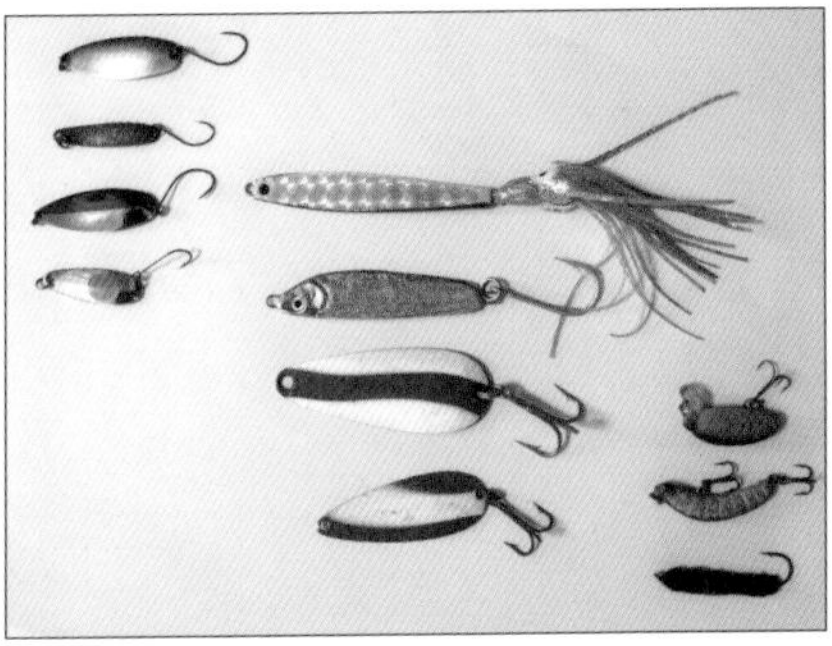

いろいろなルアー

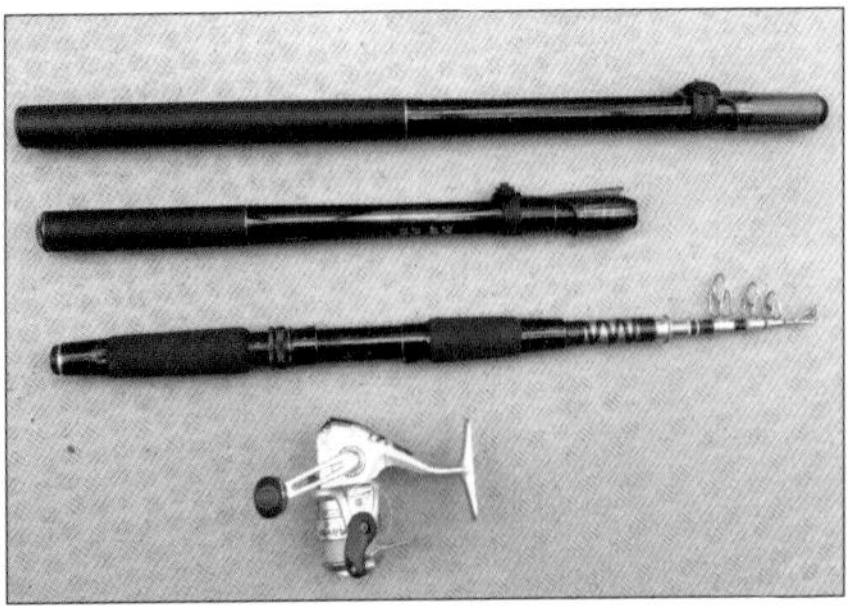

竿三本とリール

に、二六本の歯に被せ物を施すためにおよそ月二回の頻度で、東京医科歯科大学へ三年半通院した。八一歳秋東京大学病院で両眼の白内障手術を受け明るくよく見えるようになった後、夏に瞼が下がり視野が狭くなったので眼瞼下垂手術を受けた。八二歳の冬原因がはっきりしなかったが、下腿部がむくみ池袋病院で下腿深部静脈血栓症と診断され一〇カ月間薬物治療を受けた。また、七月ウォーキング大会終了後に、相手の顔が上下二個に見えるというそれまで経験したことない症状に陥り、鶴岡市民病院で一過性脳虚血性発作と診断され、二日間入院した。

いろいろと病院に世話になったが、その間入院や通院の合間に釣りを続けることに努めた。もちろん、東京では釣りができないので、釣りができそうな所へ出張する機会があれば、旅行カバンに釣り具を用意し、案内してくれる人がいればお願いして釣りを続けてきたのである。

長生きするにつれてからだのあちこちに不具合が生まれ、いろいろな病に侵され、気力が崩れそうになるのを防ぐ力を与えてくれたのは、釣りができ、いろいろな魚に巡り合えることであった。八四歳の「年男」を機に、六〇歳以降の釣りの成果をまとめ「旅に出て、釣る」の続編として出版することにした。

第Ⅰ部　60歳からのフィッシング

パラグアイ川のホテイ草

1

1997年2月

ブラジルでのピラニアとナマズ

リオ・パラグアイは、世界最大といわれるパンタナル（湿原）からパラグアイに向かって流れ、アルゼンチンのブエノスアイレスでラプラタ川となる長大な川である。雨季にアンデスの山々に降った雪や雨が数カ月かけて湿原に集まり、水かさが四～五メートルは増すという。

水かさが減り産卵期となる十一月から一月は、禁漁になる。数がめっきり減ってきたため、ブラジルでも魚の保護に乗り出したようである。また、最近になって釣り時間は、朝六時から夜九時までと制限が設けられている。

一九九七年二月、東京からロスアンゼルス経由でサンパウロへ。そこから国内線で、西に千数百キロ離れた鉱石と牛の町コロンバに行く。さらに車で七〇キロ離れたパラグアイ川に出た。川幅二〇〇～三〇〇メートルのパラグアイ川の岸辺には巨大なホテイ草が繁茂し、その一部は浮き草となってゆったりと流れていく。水深は二〇～三〇メートル。

朝八時三十分からボートで釣りに出る。角切りの牛肉を餌にして、あちこち場所を移動して釣ったがピラニア三匹の釣果。一匹は三〇センチを超える

ピラニアを釣ったところ

40センチぐらいの「ナマズ」

ピラニアの味噌汁

大物で手ごたえは充分あった。大きなピラニアを持ち帰って、味噌汁に入れて食べる。白身の締まった身は歯ごたえがあって美味しかった。昼寝の後、午後二時から再度挑戦。小さなピラニアと四〇センチぐらいのナマズが上がったが、リリースする。

翌日はコロンバからセスナ機で大湿原を横断して、小高い丘にあるカンポグランジ農場へ行く。昼食後、午後三時にパラグアイ川へ下るというアキダウナワ川へ。かなり流れの速い川幅一〇メートルぐらいの曲がりくねった川である。水は茶色く濁っていて、これで魚が釣れるのだろうかと疑う。

直径五センチぐらいの大きな玉浮きに比較的重いおもり、大きな針に二〇センチぐらいの小魚を一匹掛け、水深は浅いらしく浮き下五〇～七〇センチで流れにまかせて

腰掛けて当たりを待つ

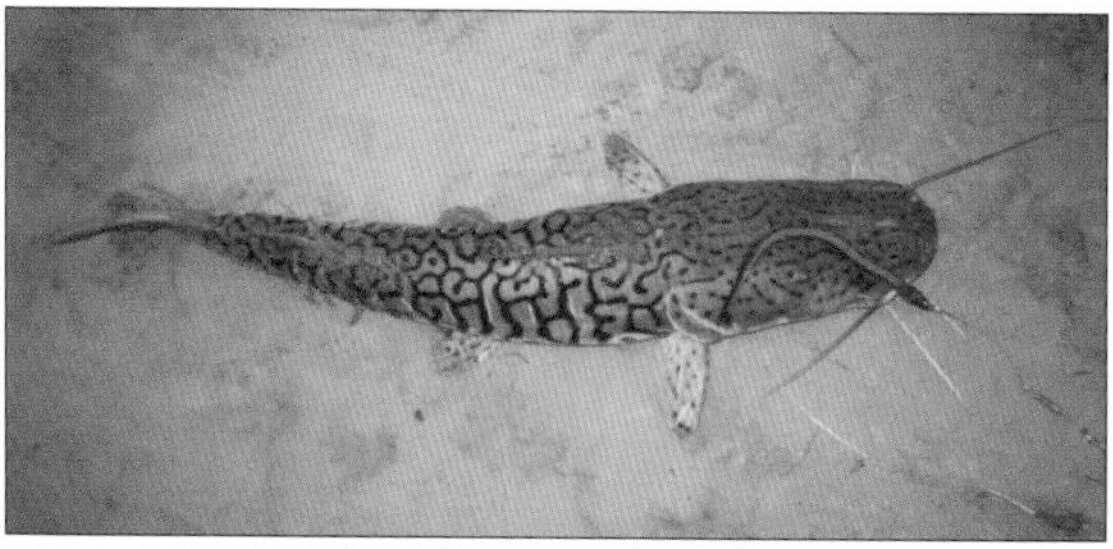

70センチを超える綺麗なピンタード（ナマズ）

流し、三〇メートルぐらい下流の川が左へ曲がり始める流れが緩やかなところで、当たりを待つ。三人並んで竿を立てて待つが、当たりがない。しばらくしてやっと一人が餌を取られる。私は三回根掛かりしてしまった。夕方六時ごろになって、はっきりした当たりがあって竿を立てるが、また根掛かりしてしまう。そこで案内人が、水着になって川に入っていって、からまっているのをほどいてくれた。そしてやっと釣り上げたのは七〇センチを超えるピンタード（ナマズの一種）であった。夕食に煮つけと唐揚げとなって食卓に出てきた。塩だけで煮つけたのか、缶詰の鮭のような味がしてとても美味しかった。

2

フィンランドのノーザンパイク

1998年7月

夏休み、陽が沈まないフィンランドへ何回か訪問した。その都度、ルピナスの花の綺麗な湖畔から竿を出して釣りに挑戦した。しかし、見知らぬところでの釣りは、小魚ばかりであった。

ルピナスが綺麗な湖畔

釣れてきた名前の知らない小魚

今回は大学院の釣り好きな学生が、ノーザンパイク釣りに連れて行ってくれた。ボートでのルアー釣りである。半日かけて大きな湖の中を、あちこち探ってやっと四〇センチぐらいのノーザンパイクが釣れてきた。早速、学生がさばいて炭火で焼いてくれた。フィンランドの地ビール、ラッピンクルタを飲みながら美味しく食べることができた。

釣れた魚をさばいてくれた

炭火で焼きあげてくれた

3 隠岐の島の鯛

1999年11月

釣れた小鯛とカワハギ

日本海に浮かぶ隠岐の島にある海士町が「保健福祉センターひまわり」を完成させた。町民へのお披露目の「町民フェア」で講演をするよう依頼された。高齢化率が三〇パーセントを超え、過疎化が進む小さな離島に明るい未来があるのだろうか。そんな関心もあって、引き受けることにした。一九九九年十一月鳥取県の境港からフェリーに乗り、隠岐の島へ渡った。

人口三〇〇〇名を割り込んだ中ノ島にある海士町は、中央部に田畑があり農作物は充分自給できる。一二二一年「永久の変」に敗れた後鳥羽上皇が流され、一九年間の生涯を終えた島である。特別養護老人ホームの近くに建てられた「保健福祉センターひまわり」は、中央に円形の多目的ホールがあり、左側に高齢者向けデイサービスセンターが、右側に健康増進を目的とした運動施設がある。朝十時の「町民フェア」には人口の一割近い三〇〇名が集まり

刺身になった大きな鯛

鯛を釣ったところ

「日常生活の中に運動を」と題した講演を行った。

町の第三セクターが運営する「マリンポートホテル海士」に宿を取る。早速フロントで竿と冷凍エビを用意してもらい近くの港の堤防へ行く。冷凍エビを戻して、岸近くへ入れるとただちに当たり。一五センチぐらいのメバル、一五～二〇センチのメジナ、一七センチぐらいのアイナメなどが次々と釣れた。陽が沈んでからは小アジが入れ食いになる。夕方二時間ぐらいの間に一〇匹以上の釣果。良い気分になってホテルに帰り、釣った魚を見せたが「調理するまでもないでしょう、こちらで始末します」といわれ残念な思いがした。

翌日、朝七時三十分発で船釣りに連れて行ってもらった。水深一〇〇メートル近いポイントである。波が高いので島陰に近いところで始めましょうという。最初二五センチぐらいのベラが釣れてきたが、あまり当たりがない。そこで波の高い沖に出ることになった。ポイントをいくつか試したが、当たりがない。そのうち船酔いが始まってしまった。しかし最後のポイントで鯛が入れ食いとなり、釣り上げることができた。

十一月の日本海にしては穏やかであるということであったが、酔い止めの薬を飲むのを忘れてきたのを悔やむ釣りであった。しかし、その日の夕食には小さい鯛の塩焼き、大きな鯛の刺身と釣果が並び、美味しくいただくことができた。

市長主催のパーティ

大木

4

2001年11月

ニュージーランド「ロトルア・ツーデー・ウォーク」

温泉のあることで、日本人の間でも知られているニュージーランド北島のロトルアで開催された国際マーチングリーグ加盟の「国際ロトルア・ツーデー・ウォーク」に参加した。一四カ国から五〇〇名を超えるウォーカーが歩いた。日本からは、団体ツアーの四六名と、個人で参加した数名で、外国人の中では参加者がもっとも多かった。

大会前日の夕方から、ロトルア市長招待のレセプションが行われた。伝統の踊りと歌で始ま

大きなニジマスが釣れた

り、市長の挨拶があった後、外国からの参加者を代表して私がお礼の挨拶をした。

ビールやワインを飲んだ後、マーチングバンドを先頭に、参加国の国旗を持っている人に続き、みんなで市内を約一キロにわたってパレードした。

初日の朝は雨であった。町の背後にある亜熱帯の森林地帯の山道を歩くルートである。七時三十分に三〇キロが、九時三十分に二〇キロが、最後の十一時三十分に一〇キロが、それぞれラッパの合図でスタートした。原生林は予想していた以上に深い。幹の周囲が三〜四メートルにも及ぶ大木の間のウォーキング。森林を抜けて急坂を登ると、ロトルア湖が見渡せる丘に出る。素晴らしい眺望であった。

二日目は歩き始めると晴れ上がり、絶好のウォーキング日和となった。ルートは平坦なロトルア湖の岸辺、市街地などを巡る。日本の温泉地で見られる地獄谷のような熱気や蒸気が噴き出している湖畔を通り、美しく整備された市の中心街を抜けて、再び湖畔へ出る。

ニュージーランドでの川や湖での淡水魚釣りには、ライセンスを購入しなければならない。さらに釣れた魚をホテルで調理してもらうには、まず調理人に、そのライセンスを提示しなければならない。調理人はライセンスの保持を確認する義務を負っているという。

初日に歩き終わった後、夕食までの時間に釣り船を予約しておいた。ロトルア湖の温泉の湧き出す反対側へ、モーターボートで移動。釣り竿にルアーも借りて、ガイドの指示通りに釣り始めた。しばらく流していると、大きな引きがある。慎重に巻き上げると、八〇センチ近いニジマスが釣れてきた。北米から持ち込んだ外来種が繁殖したものという。ホテルに持ち帰ってムニエルにしてもらい、日本人のウォーカーと一緒に食べることができた。

持ち帰りは3匹までに制限されている

ホテルで調理してもらったニジマス

人工の鮒釣り池

5

1997年5月

韓国の鮒釣りと活き魚料理

釜山から五〇キロぐらい行った山間部に釜谷《ブゴク》温泉がある。地元の人が韓国の別府というほどで、かなり大きなホテルが立ち並び、広大な遊園地がある。この温泉地からひと山越えたところに人工の池があった。すでに一〇人近い人たちが釣っていたが、午後一時と鮒釣りにはもっとも悪い時間帯であった。岸近くの藻が茂ったところで、そこから急に深くなっている場所を選んだ。仕掛けは長い棒浮きに、おもりから下五センチぐらいに二本の針糸がついたものである。おもりは底に着くようにする。

乗っ込みの時期が過ぎ、前日に大雨が降って増水し、悪条件であったが、夕方になってやっと三〇センチ近い鮒を釣り上げることができた。椅子に腰掛け、置き竿にして浮きを見ながら初夏の日射しを浴びる、といったのどかな半日が過ごせたのが、唯一の収穫であった。

帰路、珍しい料理屋があるからと案内された。海岸近くの料理屋の水槽には、ウナギかアナゴに似た魚が蠢めいている。料理屋の庭の隅に、大きな金網を載せた石で造った釜がある。その中へ藁を入れて火をつける。藁が燃え

やっと釣れた鮒

上がったところで、一〇匹ぐらいを生きたまま載せる。身をよじりながら動き回るが、次第に黒焦げになって動かなくなる。充分火が通ったころに大きな皿に盛りつけ、テーブルの上に出された。
客は真新しい軍手を両手にはめ、両手で魚を握り、黒焦げの皮を左右に引っ張る。黒焦げの皮は簡単に抜け、白い中身が出てくる。粗塩を入れたレモン汁につけて食べると、コリコリして美味しい。ビールを飲みながら五匹ぐらい食べることができた。強精食だと説明されたが、目の前で焼かれるのを見ると、普通の人は食べられないかもしれない。魚の名前は「コンジャンオー」と呼ばれていたが、日本語はわからない。

ウナギに似たコンジャンオー

金網の上で藁で焼く

雪岳山にある大きな寺院

6

1997年7月

韓国の「幻の熱目魚」

韓国の北東に位置する雪岳《ソラク》山は、標高一七〇八メートルの大青峰《デチョンボン》を主峰とする山塊であって、多くの観光客を集めている。雨の中、ソウル市を分断して流れる大河「漢江」沿いに車で行くこと約四時間で、インジェという町を過ぎて雪岳山系の北側へ入る。いよいよ急坂となるところで道路が川に近づき、試しに釣ってみることにした。立て看板があったので案内の韓国人に「釣り禁止」と書いてあるか聞いてみたが「ゴミを棄てるな」と書いてあるという。

かなり大きな岩の間を流れる渓流で、雨が降り続けている割に澄んだ水である。ミミズを餌に第一投から当たりがきた。小さな当たりで、釣れてきたのは七センチほどの小魚であった。しばらくしてやっと強い引きがあって、釣れてきたのは黒い斑点のある二〇センチぐらいの魚である。韓国人も初めてみる魚で、名前は知らないという。その後、岩陰に餌を流すと二八センチぐらいの大物が釣れてきた。

あくる日の朝、同じ渓流の上流から釣り上がることにした。この魚

韓国の渓流魚

国立公園内は禁漁という渓流魚「熱目魚」

は夏だというのに、瀬に出て餌を待つのではなく、岩陰に潜んでいるようである。そこで、そういったポイントを探して釣り上がって行った。狙いをつけたポイントへ餌を入れると目印が止まって、合わせると大きな当たり三〇センチを超える大物が釣れてきた。三時間ほどで、二五～三〇センチの魚が九匹釣れ、大漁といえるだろう。

いささか気になったので、韓国人の案内人と一緒にソウル市内の本屋へ行き調べることにした。手に取った魚類図鑑に写真が載っていて、漢字で「熱目魚《コクチマス》」と書くという魚である。冷たい水の流れる川にいて、大きくなると一メートル近くなるという。そして、天然記念物に指定されていて、雪岳山国立公園や五台山国立公園内は禁漁となっているとのことであった。

第Ⅱ部　70歳からのフィッシング

――月刊スポーツメディスン連載

堤防での釣り

1

2007年1月

「犬吠歩き」と奄美大島の五目釣り

六〇歳になって東京大学を定年退職後、東洋英和女学院大学に「人間福祉学科」が新設することになり、「身体福祉論」を提唱して教員として勤務した。完成年度の四年後退職し、大学院修士課程が新設された放送大学へ勤務した。大学院「才能教育論」を担当するとともに、学部の「体育学」も兼務し、四年間で五つのテレビ用授業科目（才能教育論～スポーツ科学からみて～、新訂福祉論～自活できる能力の保持～、新訂保健体育～健康志向と競技志向の運動～、身体福祉論～身体運動と健康～、新訂才能教育論～身体活動能力の開発～）を作成した。

放送大学での二回目の定年七〇歳を迎え、これからは心新たに釣りを楽しむことにした。食料難の時代に釣りを始めたためか、釣った魚は食べることにしている。逆にいえば食べて美味しい魚が主たる対象魚である。そうでなくても、調理の仕方で美味しく食べる工夫をするようにしている。そのためには、魚の棲む環境が汚染されないこと、それが不可欠である。

もうひとつは、七〇歳を過ぎると釣りに必要な身体的能力の保持がいつま

「犬吠歩き」をする奄美の子どもたち（写真提供／永留郁男氏・奄美市立節田小学校）

で続けられるのか、確かめたい気持ちがある。釣りに必要な身体能力の基本は歩ける能力である。次に竿を振れる上肢の力強さ、そして、大物がかかったときに腰を固める足腰の力強さが不可欠である。さらに、加齢とともに衰える脳の働き、たとえば、釣行を無理なく計画できる、危険が察知できる、魚のいるポイントが判断できるなども大切な能力と思っている。

二〇〇七年最初の釣りは南の島「奄美大島」でできた。現職の小学校の教諭が放送大学の大学院へ入学したが、研究活動に慣れないこと、校務が忙しいことから、提出が義務づけられている研究レポートをまとめることができず、一年留年した。そのうえ、離島へ教頭としての転職が決まってしまった。しかし、せっかく入学したのだからなんとか修了できるようにと、退職前に一度面談し、直接アドバイスをすることにした。羽田と奄美大島間には一日一往復の航空便がある。一月二十四日羽田発、二十六日羽田着という旅程で出かけた。

研究は、上肢、下肢を使って移動する「犬吠歩き」「犬吠走り」を、まず児童にやってもらい、能力をスピードで評価し、正規分布することを確かめる。そして、一定期間練習した後、その能力の改善の程度を分析したらどうだろうか、というものであった。

体幹を中心に上肢と下肢をタイミングよく活動させる「犬吠歩き」「犬吠走り」は全身運動であって、これらを練習していけば、文部科学省の定める体力・運動能力が向上すること、また「犬吠歩き」「犬吠走り」のス

釣れた10匹は色も大きさもそれぞれ違っていた

ピードを時々測定することによって、児童が能力の向上を知ることができ、練習に意欲を保持できることが、期待されるからである。

数時間の面談の後、本人がほぼ納得したようなので、三日目の島を離れるまでの時間、島内観光と釣りをすることにした。

案内のパンフレットを頼りに「筏釣り」があるというので南部へ行ってみた。湾内に浮かぶ「筏」まで船で運んでもらい、釣るというものである。湾内は水深五〇メートル以上で、マグロの養殖用の生簀が点在している。弁当を届けてもらい、その上で釣るというものだ。天気が良く、見晴らしもすばらしく、のんびりした三時間ほどの釣りであったが、フグが一匹釣れただけであった。

ちょっと悔しかったので空港までの帰路、堤防のある漁港で釣ることにした。ここでは一〇〜二五センチの魚が入れ食いであった。ベラの種類かと思われたが、釣れた一〇匹の魚は色とりどりでとても綺麗な魚であった。

2

2007年3月

鹿教湯温泉「二十一番名所巡り」と信州早春の渓流釣り

若芽もまだの早春の渓流

毎年釣りに行くところは、長野県の鹿教湯温泉である。旧丸子町から松本市へ向かう三才山峠近くの奥まったところに、八〇〇年前からあると伝わる標高約七〇〇メートルの古い湯治場で、ここには脳卒中後のリハビリテーションで有名な鹿教湯温泉病院がある。

三〇年ほど前から、この病院と旅館組合とが共同で「健康の里」を標榜して、古い湯治場からの脱皮を図ってきた。そのひとつが、鹿教湯温泉「二十一番名所巡り」である。近くにある古い社、橋、野仏など二十一カ所を歩いて巡って、そこに置いてあるスタンプを押してくると、記念の絵葉

よく釣れた今年放流されたと思われるヤマメ

書がもらえるというアイデアだ。それ以来、ここを訪れる人たちがたくさん挑戦している と聞く。

三才山トンネルが完成し、松本市まで行くのが便利になったため、釣り人も多く訪れるようになってしまった。周囲を一〇〇〇～一四〇〇メートルの山々に囲まれた山間には、千曲川の支流である依田川の枝川である内村川が流れている。鹿教湯温泉の集落からさらに川はいくつにも分かれている。長野県の渓流釣りの解禁は二月十六日であるため、二月中旬にでもなれば気がはやるが、残りの有給休暇が取れて、退職直前の三月二十七日に行く機会ができ、今年初めて渓流釣りをした。

常宿の斉藤ホテルに入り午後三時ごろから近くの谷へ行った。ブドウ虫を餌に深みを狙って釣り上がった。三〇〇メートルぐらいの間に、七匹釣れた。すべて今年春先に放流された二五センチ前後のヤマメであった。

二十八日は十時ごろから、同じ場所から釣り上がった。前日釣れたポイントで数匹釣れた。さらに奥へと釣り上がったが、釣れそうな場所でも当たりがなかった。しかし、さらに奥へ行くと、澱みに二～三匹泳いでいるのが見えたので、慎重に餌を入れたら、再び釣れるようになった。堰堤まで上り詰めたので止めることにしたが、小さなイワナ交じりの九匹の釣果であった。

二十九日は、ホテルの若い人に車でやや遠くへ連れて行ってもらった。まず、近くの霊泉寺川へ行ったが、小さなイワナが一匹釣れただけであった。そこで、以前釣れたことのある依田川本流が二本に分かれるポイントへ行き、そこではイワナが四匹釣れた。そのあと蕎麦屋で、蕎麦粉で揚げた珍しい「てんぷら」に盛り蕎麦を食べ、元

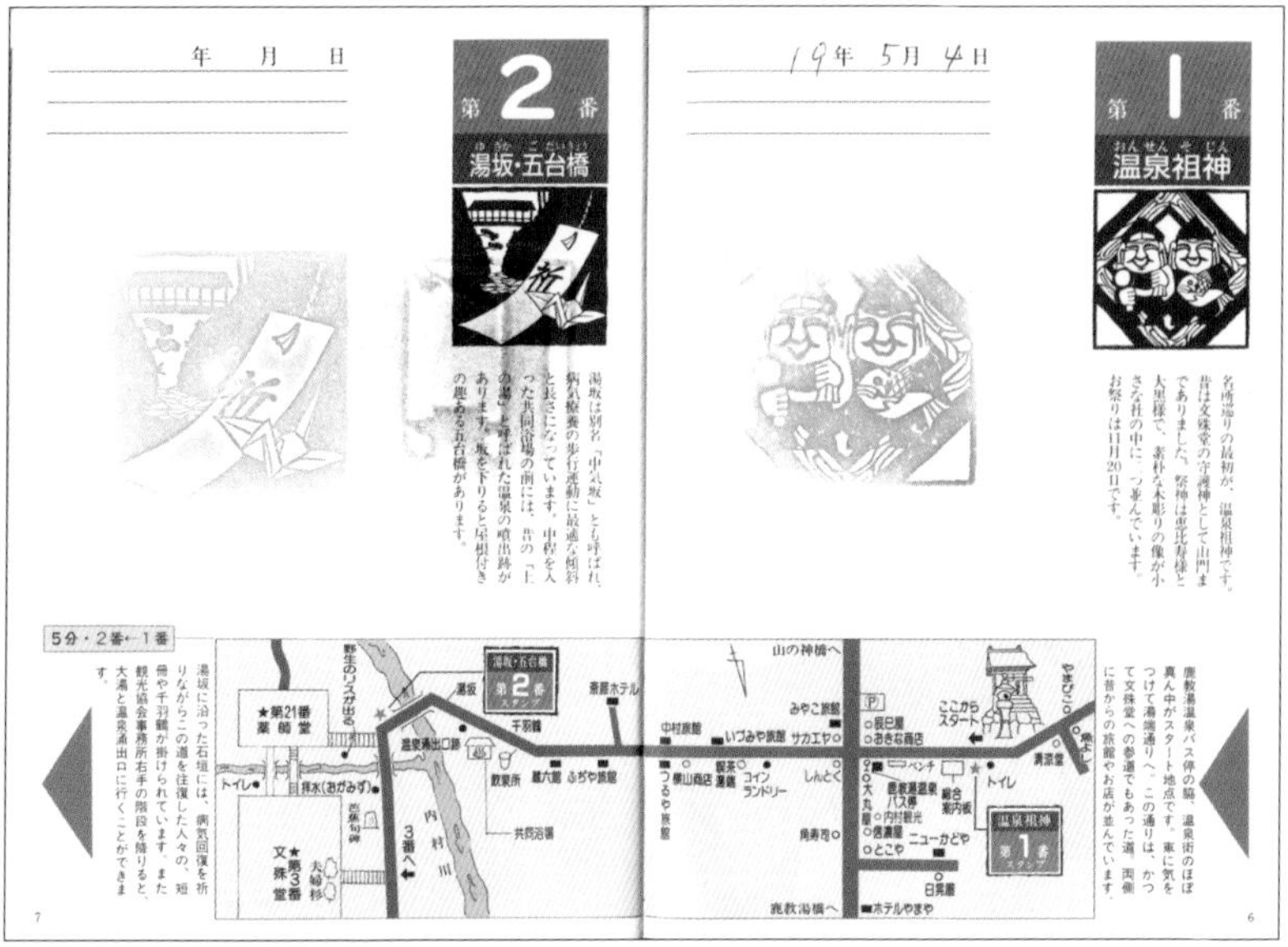

「信州鹿教湯の旅　集印帳」（B6判42頁）の「第一番温泉祖神」と「第二番湯坂・五台橋」の頁、中央にゴム印が押される

気をつけてもうひとつの枝川である武石川の上流へ出かけた。まだ雪が残り、当たりがほとんどなく納竿した。

　渓流は岩や石の上を水が流れるので、あちこち滑りやすく、水深も変化する。加齢とともに、まず顕著なのがバランス保持能力の低下である。そこで一人で行くときは、一歩一歩慎重に歩くことを心がけるようにしている。幸い今回は、転倒することもなくほっとしている。しかし、視力が衰え、目配りが悪くなり、針先と糸が木の枝にからまることが度々起こる。また、根掛かりしてハリスが切れるのに、その付け替えに時間がかかる。これが今一番厄介なことである。

信州・鹿教湯温泉と「なかよし地蔵」

市町村合併で上田市となった鹿教湯温泉は、信州の山奥にある温泉保養地である。この鹿教湯に、ホテルとマンションを合わせた一二階建ての斎藤ホテルが建てられた。脳梗塞の後遺症に陥った母親のリハビリテーション用に、2Kの部屋を購入した。その後、亡くなったので、ホテルの裏山に想い出となる「なかよし地蔵」を建てた。土台には、陶板焼きに映した魚の絵と、略歴を記した。

宮下ツギ子は、一九〇五年長野県豊里村に生まれ、松本女子師範学校を卒業、長野県松代小学校に勤務、その後上京して小松川小学校、滝野川小学校、岩淵小学校の教員として、四〇年間にわたって子どもの教育に専念した。

退職後、雅号を悠光とし絵を描くことを趣味としていたが、脳梗塞で倒れ右半身麻痺、言語障害に陥る。しかし、鹿教湯温泉においてリハビリテーションに励み、杖をついての歩行、左手によって絵を描くことができるようになるまで回復した。二〇世紀を九〇年間生き、一九九六年死去した。

生誕百年を期して
次男充正、三男安正　建立
二〇〇五年九月

なかよし地蔵、魚の絵と略歴

3 「ウォーキングビンゴ」と出羽庄内の渓流釣り

2007年4月

昔から何度か釣りに行ったのは、山形県である。その中でも庄内平野を流れる赤川水系、大山川水系には、最近ほとんど毎年行っている。赤川は旧朝日村の大鳥まで延び、そこからは東大鳥川、西大鳥川に分かれる。東大鳥川の最終は「滝太郎」が棲むというので有名な大鳥池である。

ところで、鶴岡市にある湯野浜温泉は、一九四五年三月の東京大空襲後、当時私は国民学校二年生であったが、集団疎開させられたところである。その後、縁あって鶴岡市民のスポーツ振興の手助けをしてきたが、二〇〇六年平成の市町村合併が行われた。そのため、旧市町村の体育指導委員も共同して仕事をするようになった。

そのひとつとして私が提案したのは、新しい広域で一六カ所のウォーキングコースを整備

詰めた味噌を洗い流したニジマス、イワナ、ヤマメ

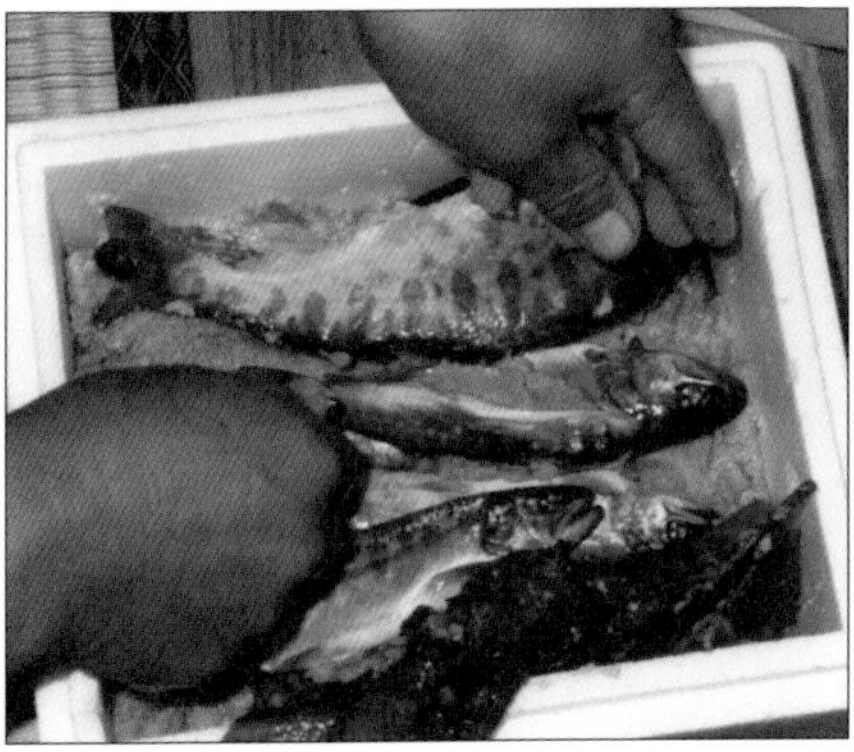

イワナ、ヤマメの味噌づけ

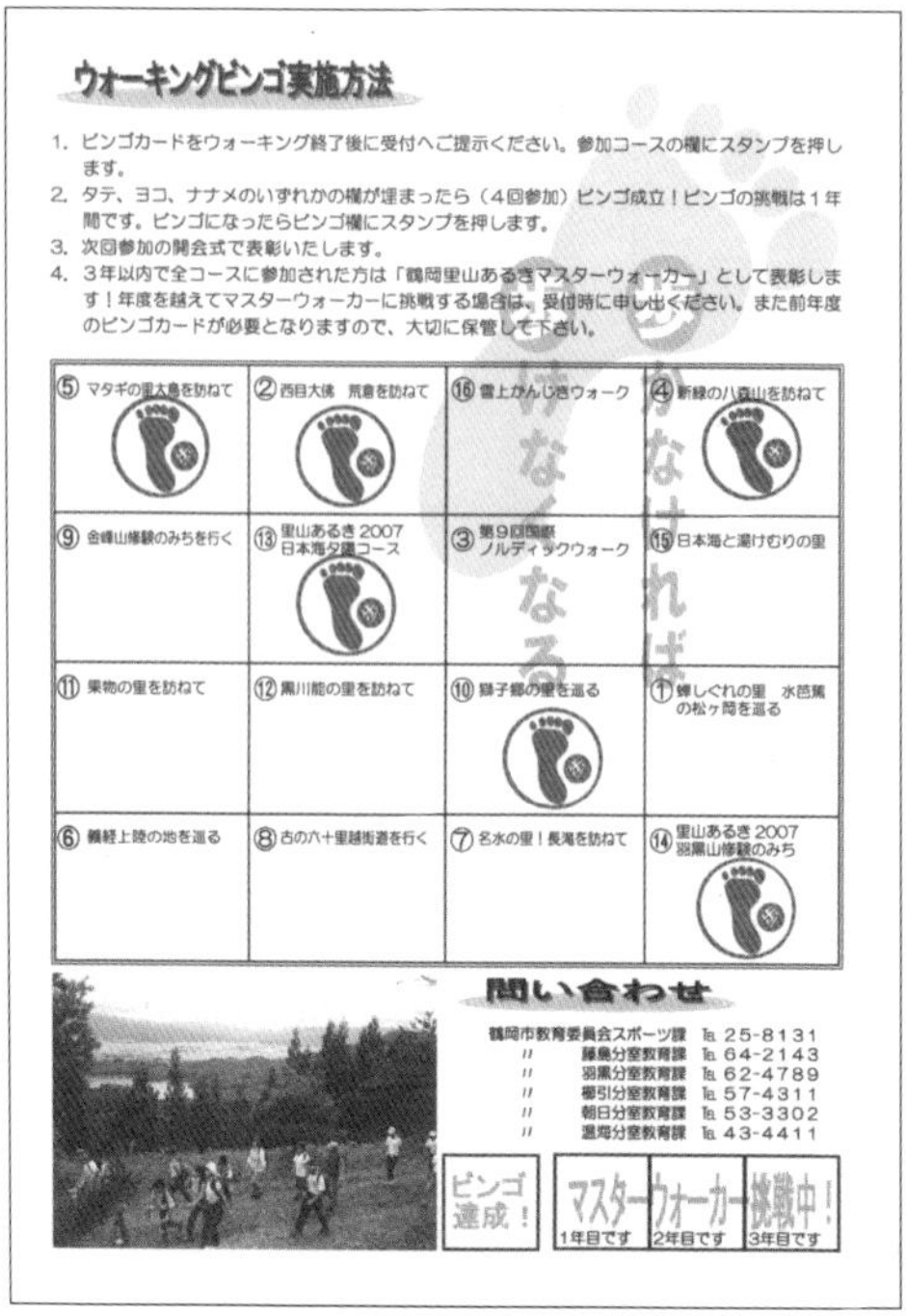

ウォーキングビンゴ実施方法

1. ビンゴカードをウォーキング終了後に受付へご提示ください。参加コースの欄にスタンプを押します。
2. タテ、ヨコ、ナナメのいずれかの欄が埋まったら（4回参加）ビンゴ成立！ビンゴの挑戦は1年間です。ビンゴになったらビンゴ欄にスタンプを押します。
3. 次回参加の開会式で表彰いたします。
4. 3年以内で全コースに参加された方は「鶴岡里山あるきマスターウォーカー」として表彰します！年度を越えてマスターウォーカーに挑戦する場合は、受付時に申し出ください。また前年度のビンゴカードが必要となりますので、大切に保管して下さい。

⑤ マタギの里大鳥を訪ねて	② 西目大仏　荒倉を訪ねて	⑯ 雪上かんじきウォーク	④ 新緑の八森山を訪ねて
⑨ 金峰山修験のみちを行く	⑬ 里山あるき 2007 日本海夕陽コース	③ 第9回国際ノルディックウォーク	⑮ 日本海と湯けむりの里
⑪ 果物の里を訪ねて	⑫ 黒川能の里を訪ねて	⑩ 獅子踊の里を巡る	① 蝉しぐれの里　水芭蕉の松ヶ岡を巡る
⑥ 義経上陸の地を巡る	⑧ 古の六十里越街道を行く	⑦ 名水の里！長滝を訪ねて	⑭ 里山あるき 2007 羽黒山修験のみち

問い合わせ

鶴岡市教育委員会スポーツ課　℡ 25-8131
〃　藤島分室教育課　℡ 64-2143
〃　羽黒分室教育課　℡ 62-4789
〃　櫛引分室教育課　℡ 57-4311
〃　朝日分室教育課　℡ 53-3302
〃　温海分室教育課　℡ 43-4411

ビンゴ達成！　マスター（1年目です）ウォーカー（2年目です）挑戦中！（3年目です）

ウォーキングビンゴ（この裏には「里山歩き」の日程、正しく歩くポイントなどが記されている）

し、一年間に一六回、ウォーキングイベントを開催しようというものである。これによって、新しい市民がそれぞれの地域の住民と交流が深まると考えたからである。さらに、四×四のカード（ウォーキングビンゴ）を作り、参加した箇所に捺印する。縦、横、斜め、いずれも四カ所埋まればビンゴ完成ということで、表彰する。一六カ所すべて埋まったら「鶴岡市マスターウォーカー」という名称を授与し、参加への意欲を保持させようという試みである。幸い、市民の関心を呼び、たくさんの参加者があった。そして、一年間で二名の「マスターウォーカー」が誕生したのである。

二〇〇七年四月一日新しい出発となる体育指導委員の懇親会が開催された。その際、中高年者向けには、拙著『ウォーキングブック』を全員に配布し、読んでもらうことにした。そして、その本には触れていない「子どもの体力向上」についての方策を解説することになった。そこで、背広はバッグに納め、四月一日朝早く羽田を発ち、庄内空港から釣り場へ直行した。四月はまだ雪が多く、赤川は釣りにならないので大山川の上流へ向かった。

案内した地元の人が、ニジマスの養殖場の近くで、逃げたニジマスの大きいのが釣れるかもしれないという。かなり水量があったが、小さな堰堤の淵で釣れるだろうというので始めたが、当たりなし。

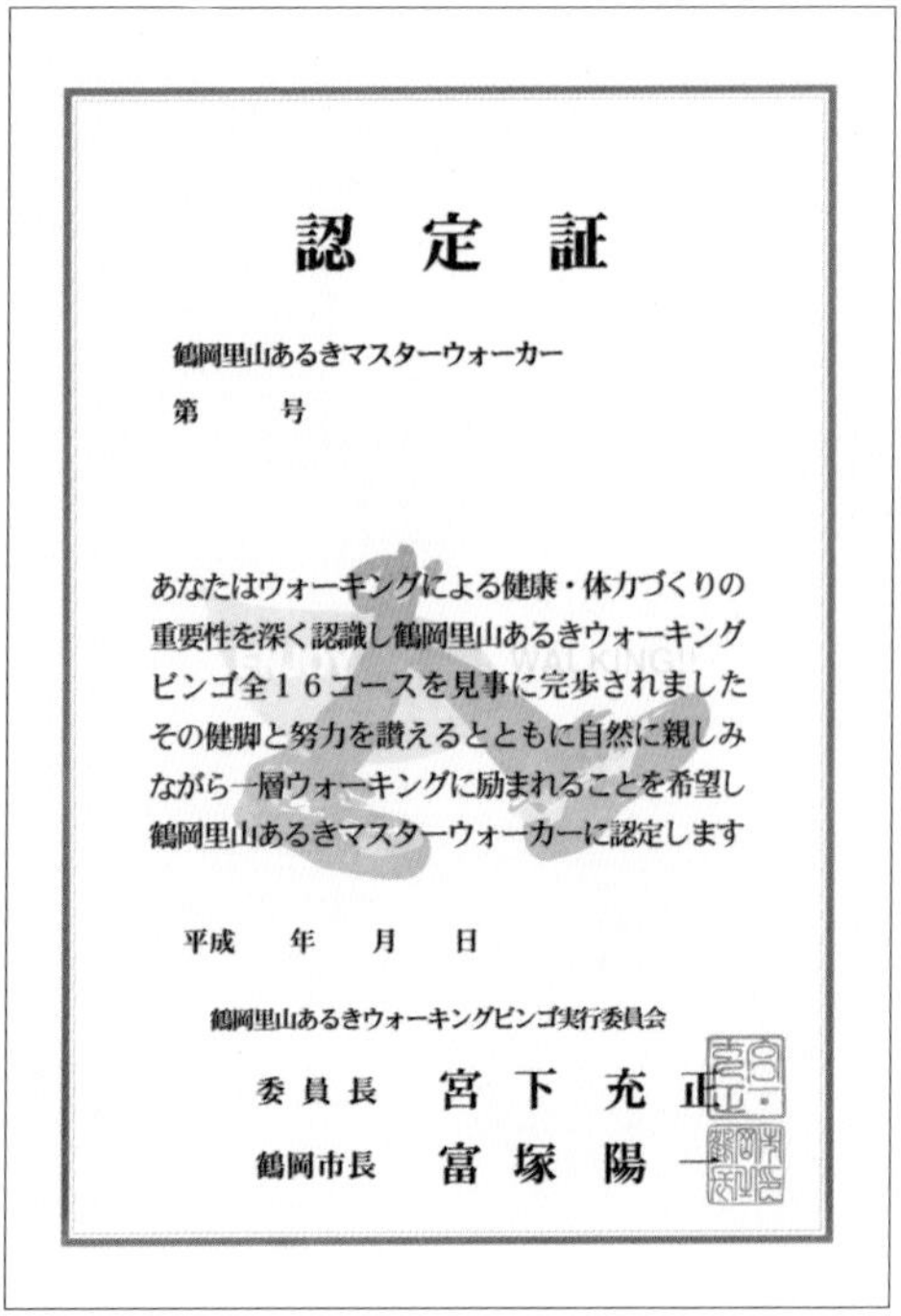

認　定　証

鶴岡里山あるきマスターウォーカー
第　　号

あなたはウォーキングによる健康・体力づくりの
重要性を深く認識し鶴岡里山あるきウォーキング
ビンゴ全１６コースを見事に完歩されました
その健脚と努力を讃えるとともに自然に親しみ
ながら一層ウォーキングに励まれることを希望し
鶴岡里山あるきマスターウォーカーに認定します

平成　年　月　日

鶴岡里山あるきウォーキングビンゴ実行委員会
委員長　宮下充正
鶴岡市長　富塚陽一

鶴岡里山歩きマスターウォーカー認定証

そこから釣り下がって行った。ちょっとした溜りで、大きな当たり。養殖池から逃げたと思われる三五センチぐらいの綺麗なニジマスが釣れた。それから、所々で二〇〜二五センチの天然のイワナ、ヤマメが八匹釣れた。講演は夕方から予定されていたので早めに切り上げた。

　四月二日は庄内空港十八時発まで釣れるとあって、朝八時ホテルを発ち、とりあえず前日に釣れた所へ行ってみた。ほとんど同じ所を釣り下がったが、ニジマス、イワナ、ヤマメが同じように釣れた。場所を変えようと、赤川の上流へ向かい、まだ雪が数十センチ積もった川で竿を入れたが、やっと二五センチのイワナが一匹釣れた。さらに、上流へと向かい、小沢へ入ったが当たりがなかった。しかし、うれしいことに大きなフキノトウが採れた。

　ところで、釣れた魚は、内臓を取り除き中に味噌を詰めて、東京まで持ち帰ることにしている。生臭さは取れるし、腐りにくい。そして、東京へ持ち帰って二〜三日も経てば適当に味が染み込んで食べやすくなるからである。

赤川の本流、雪解けの激流（この下で40センチ近いニジマスが釣れた）

4 山菜の宝庫でのノルディックウォーク

2007年5月

山形県鶴岡市湯野浜海岸で、五月の第二土曜日の午後、国際ノルディックウォーク大会が行われる。一九九九年日本で最初に行われて以来、二〇〇七年五月十二日には第九回の大会が開催され、全国各地から四〇〇名近い参加者があった。

私は一〇年前にフィンランドを訪問する機会があった。ちょうどそのころから、北欧ではストックを両手に持って歩く「ノルディックウォーク」が盛んになり始めた。当時フィンランドでは「ディメンティアウォーク」と呼ばれていた。ディメンティアとは「ぼけ」という意味である。最初に聞いたとき「ぼけ」予防に効果のある歩き方

湯野浜温泉でのノルディックウォーク

かと思った。しかし、念のため地元の人に尋ねたところ「スキーに行ったときスキーを持っていくのを忘れた人が、せっかくだからと、雪の上をストックをついて歩いたことから、物忘れしやすい人が行う歩き方という意味で名前がつけられた」という。しかし、生理学的に調べてみると、からだによい歩き方であることがわかり、普及し始めたというのである。

そこで、できるだけ早く日本でも普及させたいと思い、湯野浜で国際大会を開催してもらえないかとお願いした。ストックは近くのスキー場から容易に借りられること、スキーのストックは砂浜では使いやすいこと、そして特に、湯野浜温泉観光協会の人たちが快く引き受けてくれることが期待されたからである。幸い、一九九九年の第一回には、地元の人はもちろん、フィンランド人、ノルウェー人など外国人、そして県外からたくさんの人の参加もあって成功裡に終わり、地元の関係者の努力によって九年間続いてきたのである。

日本列島松回廊構想が企画された。「白砂青松」を子孫に残す運動である。湯野浜海岸の松林は、そのモデル事業の第一号地区に指定された。いろいろな人が、実際に歩いてその大切さを実感することが、松林を護る大きな力になるだろう。来年も多くの参加者を期待したい。

五月初旬、東北地方は山菜採りの季節である。ところが、最近は都市に住む人たちの山菜に対する関心が高まり、休日に来て乱獲するようになったという。絶滅を恐れて、地元民以外の採集を禁止するところが増えてきた。他方、休耕田を利用して、山菜を栽培する農家が増えてきている。栽培といっても荒れた休耕田で育成するので、

羽黒川の堰堤下で釣れたイワナ

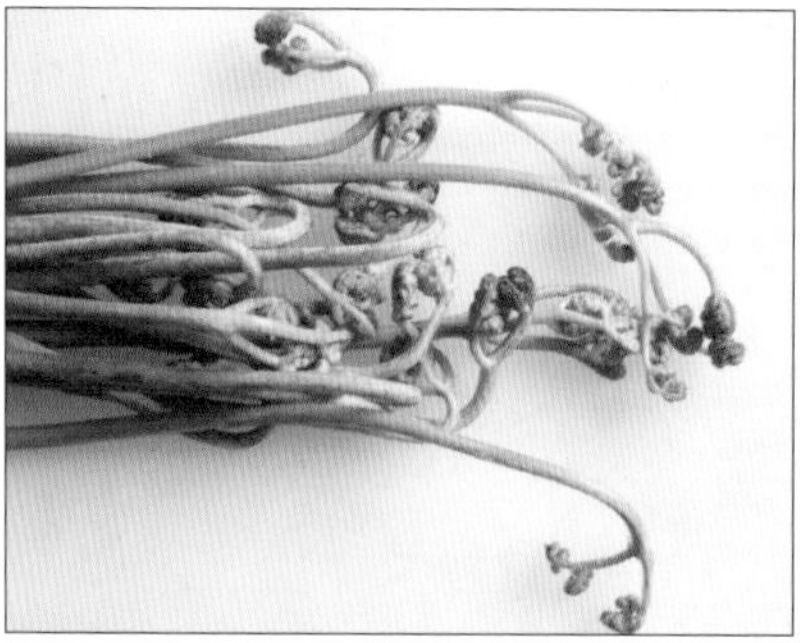
ワラビ

ほとんど天然と同じである。

渓流釣りは山菜の宝庫の中を行くことになる。ノルディックウォーク大会前日の十一日午後、庄内平野を横切る赤川の上流にある田上地区へ流れ込む沢へ入った。奥の大きな堰堤から釣り下がったが、わずか二〇〇メートルぐらいの間で二四センチぐらいのヤマメが三匹釣れた。その後、本流の淵で試み、三五センチのニジマスが釣れた。それからは、最上川に注ぐ羽黒地区の沢へ向かい、そこでは三〇センチと二八センチのイワナを釣り上げることができた。短い時間であったが、満足のいく釣果であった。

山菜のフキノトウは終わり、フキの葉が大きくなっていた。そして、タラの芽、ワラビ、コゴミ、ミズ、ウドなどいろいろ目についたが、今回はフィルムに撮ることにした。もちろん、宿舎では採りたての山菜料理を楽しむことができた。

コゴミ

仙崎港で二時間で釣れたキス

5 「山口県民スポーツ総参加運動」推進委員研修会と仙崎でのキス

2007年6月

住み良さ日本一の元気づくりを目指し、県民誰もが、いつでも、どこでも、いつまでも気軽に、スポーツに取り組み実践できるような「生涯スポーツ社会」を実現するために、一九七七年から展開してきた県民スポーツ総参加運動をリニューアルし、四年後に迫った「山口国体」に向けて、県民のスポーツ振興をさらに積極的に推進していく。ついては、二〇〇七年六月三日をこの新たな運動をスタートする日として、推進委員に対し「ウォーキング」をはじめとするニュースポーツなどに関する研修会を開催することとなった。会場は山口市にある「維新百年記念公園」内のスポーツ文化センターで、私はその講師として「健康は歩いてやってくる」という講演とウォーキング指導の実技を行った。

研修会の前日。六日の朝八時三十分に山口宇部着で行くので、できれば夕刻まで海釣りがしたいと頼んだところ、教育委員会の主事に釣り好きがいるので案内してくれるという。空港から日本海側まで約一時間山口県ウオーキング協会の会長さんに送ってもらった。

漁港から数百メートル沖に停泊している大型貨物船の近くが釣れるというので、小型の舟で出かけた。なるほど一投目からキスが釣れてきた。なぜなのか聞くと、漁師が底引き網で獲るので、網の入れづらい大型船の近くに特に大きなキスがいるというのである。約二時間、二人で五〇匹ほど釣れた。一匹いた二五センチ以上のキスを「ひじうち」と呼ぶ。頭近くを握って針を外すとき、尾が肘を打つくらいの大きさだからだという。

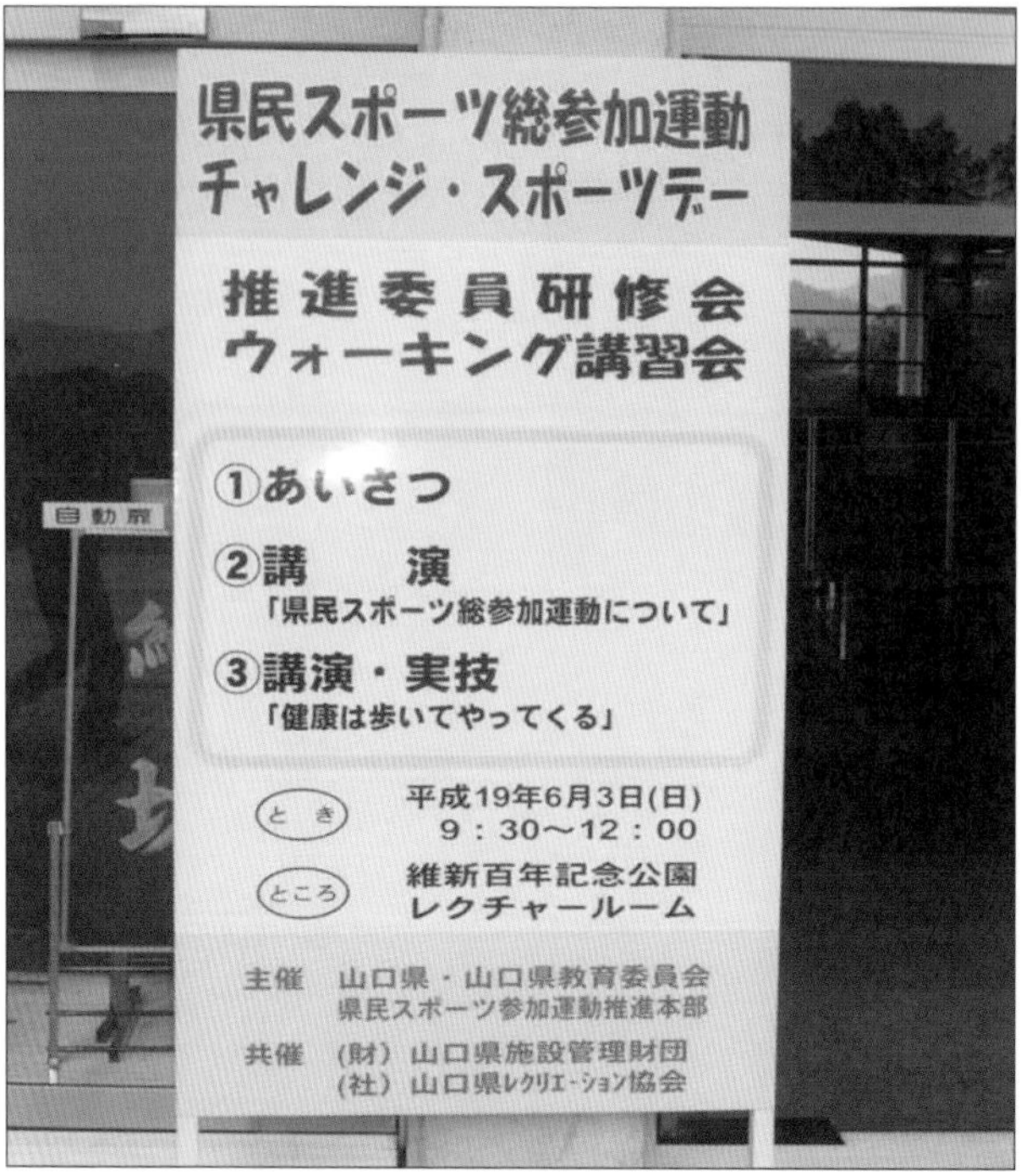

山口県民スポーツ総参加運動推進委員研修会

仙崎は、若くして亡くなった金子みすゞの育ったところである。記念館があり土曜日なので大勢の人々が訪れていた。

金子みすゞには「大漁」という詩がある。

「朝焼小焼だ　大漁だ／大羽鰮の　大漁だ／濱は祭りの　やうだけど／海のなかでは何萬の／鰮のとむらひ　するだろう」

もうひとつ、捕獲された母鯨を解体したときに出た胎児を、漁師たちが戒名までつけて手厚く葬ったという「鯨墓」が仙崎にはある。捕鯨史上、他にみられない風習だという。海に生き、漁業を日々の糧として暮らしてきた人々の、海の生き物の「生命」に対する思いやる心が「詩」や「墓」という形となって今に残っているのである。

研修会には約三〇〇名の推進委員が集まり、七〇分間の講義をし、約四〇分間の実技を指導した。実技では、床に三〇メートル間隔にテープを貼り三通りのスピードで歩数を数えながら歩いてもらった。「ふつうに」「やや速く」「できるだけ速く」で歩き、自分の歩幅がどのくらいか確認してもらったのである。ウォーキングを指導する際、まず自分の歩幅を確認してもらうことから始めるのは、興味を持って継続していくよい目安となるからだと説明した。

その後は、歩幅を広げて歩くことが「運動としての歩き（エクササイズウォーキング）」になることを実感してもらうため、六〇メートルを一〇回近く往復してもらった。六〇歳を超えた歳の人には、ややきつかったようであるが、ウォーキングをしたという充実感を味わえたのではないかと思われた。山口県民スポーツ総参加運動の目標に少しでも近づくのに役立てられれば、講師として幸いである。

サクラマスの滝登り

6

2007年6月

美幌町「しゃきっとプラザ」と津別川

北海道美幌町で、住民に対してウォーキング指導をしてくれないかと頼まれ、前日の昼ごろ女満別空港へ着くように出かけた。出迎えの人とラーメンを食べた後、すぐに津別川へ出かけ、釣りをすることにした。小さな発電所からの放水が本流に流れ込む所に深みがあり、好ポイントであるという。確かに何匹も棲みついているようで、三五センチぐらいのニジマスが数匹釣れた。その後、川の上流で数カ所に竿を出したが、あまり釣れなかった。

夕刻となったので引き上げ、その日は津別町にある「ファームステイ・ティエラ」という民宿に泊まる。畑で採れたアスパラをバターでさっと炒めたもの、ジャガイモの煮たもの、フキを茹で炒めたものなどと飲むビールは、格別の味である。

津別町に隣接している美幌町に、三階建ての保健福祉総合センター「しゃきっとプラザ」が三年前に完成した。ここは町民の健康づくり、高齢者福祉、生涯福祉、児童母子福祉、社会福祉、地域福祉

北海道美幌町でのウォーキング指導

という六つの役割を担当していて、町役場住民課の窓口のある階と廊下で連絡している。広い駐車場はあるし、住民にとっては利用するのにとても便利である。

このセンター内には、マシーンエクササイズのできる「運動指導室」と、やや狭いが水中運動ができる「健康遊浴室」と呼ばれる施設がある。利用する住民は徐々に増加していて、係りの人は利用している人たちの医療費は明らかに減少傾向にあるといっていた。厚生労働省の「一に運動…」という掛け声が、確かな効果を上げている例であろう。

二〇〇七年六月八日「いつまでも元気に楽しく―高齢者の運動―」と題して、朝十時から講話を始めた。運動指導に当たる職員に加えて、参加者は四〇名ぐらい。数名の男性が見られたが、ほとんどが高齢の女性であった。六〇分間の話の後、近くにある「せせらぎ公園」へ出かけた。この公園は魚無川を改修したもので、流れる水も綺麗で川の両側は広々としている。この公園にある一周三キロの遊歩道でウォーキングの実技指導を行った。参加者のうち毎日よく歩いているという人も多く、速歩きを交え、四〇分間近く歩いたが、ちょうど手ごろな運動になったようである。

この健康講話の前、朝四時に起きて、前日釣った津別川へ出かけ、再度釣りに挑戦したが、同じ落ち込みで、同じような大きさのニジマスが釣れてきた。

講話が終わってからは、斜里川へ向かった。この川はこれまで何度も来ている川である。ここでエゾイワナ、オショロコマ、ニジマスを味噌漬けにして、東京へ持ち帰ろうと釣ることにした。二〇～二七センチぐらいの食べごろの大きさの魚が釣れた。

斜里川の上流に「さくらの滝」がある。高さ三メートルぐらいの滝を、四〇～五〇センチのサクラマスが上るのである。この滝登りを見ようと出かけたが、今年はこれまで見た以上に、たくさんのサクラマスが飛び上がるのが見られた。

釣れたニジマス

オショロコマ

遊歩道をウォーキングする

7

保健体育の教材づくりと梅花藻の花咲く西別川

2007年6月

二〇〇七年四月から四年間開講する一五章からなる放送大学の授業科目「保健体育」の一三章に「自然を楽しむフィッシング」を含めることにした。　印刷教材は「改訂版身体福祉論―身体運動と健康―」としてまとまった。（参照：第Ⅳ部）

放送教材には釣っている場面をＶＴＲに収録し挿入することにした。釣りにはいろいろあるが、健康と結びつけて釣りを語るとき「ねばり強さ」を必要とする渓流釣り、「力強さ」を必要とする海浜での投げ釣りの二つを中心にすべきと考えた。そして両方の場面が必ず収録できる、言い換えれば、必ず釣れる場面が収録できる場所として海、山が近い北海道の中標津町を選んだ。二〇〇六年の秋は幸い天候にも恵まれ、地元の人々の協力も得られて、テレビで放映できるよい場面をＶＴＲに収めることができた。

この中標津町へもう一度出かけたいと願っていたところ「ＮＰＯなかしべつスポーツアカデミー」が主管して「体力アップ講演会」を開催す

るので来てくれないかと誘われた。このＮＰＯ発足に際した三年前に体力づくりの講演をしたので馴染みがあり、すぐさま引き受けることにした。旅費の負担をかけないようにと、美幌町講演会の次の日、二〇〇七年六月九日に予定してもらった。

テーマは「上手なウォーキング」で、体育館内で話と歩き方の基本の実技をした後、標津川の河川敷に造られた「ウッドチップ」を敷き詰めた遊歩道を一緒に歩いた。幅一メートル五〇センチの道はクッションもほどよく、とても歩きやすい。時々、歩幅を広げて速く歩く三〇分間のウォーキングで、主催者に誉められるほど参加者の歩き方は上手になった。

中標津町から阿寒湖の方角に、西別岳がある。この山に向かって西別川が入っている。とても水が綺麗な流れで、五〇～七〇センチの水深に、梅花藻の群生が見られる。ちょうど小さな白い六弁の花が咲き始めた時期で、両岸には噛むとピリっと辛い味のする野生のクレソンが生えていて、まるで別世界にいるような気分になる川である。

講演会の次の朝、帰京前にこの川で釣りをした。梅花藻の群生している間へ餌を入れると、どこでも魚が現れてくる。その中でも、魚が群れをなして棲みついている場所、おそらく川底がえぐれてかなり水深があるところがあった。ひとつは三メートルほどの小さな滝の下で、流れはほとんどなく水が巻いている。ここへ、何度餌を入れても釣れてくるのである。もうひとつは、岸に近い流れのある所で、このやや上に餌を投げ入れて流すと、ここでも何匹もかかってくるのであった。

釣れる魚は、大きいので三五センチを超え、ほとんどが二七～三〇センチという渓流魚としては大物である。種類はエゾイワナ、ニジマス、オショロコマで、たまにまだ禁漁のヤマベ（本州ではヤマメ）が釣れてくるが、これはすぐにリリースする。驚いたのは、オショロコマが大きいことであった。北海道特有のオショロコマはほとんど一〇～一五センチであるのに、ここでは三〇センチを超えるサイズであった。餌が豊富で大きく育つのであろうか。二時間で三〇匹釣れ大漁であった。

禁漁のヤマベ（本州ではヤマメ）

とても大きなオショロコマ

福井県・岐阜県境にある幻の池

8

2007年6月

転倒予防と「夜叉ヶ池」

——神秘的な青色の池を求めて

福井大学、大阪教育大学の教授たちと共同で計画した転倒予防のためのプロジェクト研究に対して、科学研究費が交付されて六カ年目となった。その研究遂行についての打ち合わせが、二〇〇七年六月十二日〜十三日福井大学で行われた。いろいろな床面（段差がある、左右どちらかに傾斜している、凹凸があるなど）を歩くときの脚の働きを筋電図という手法を用いて詳細に検討しようという研究である。

併せて「ヒトが持っているセンサーのはたらき」「快適さの評価方法を探る」「快適さを筋活動から評価する」「家具に求められる快適さとは？」というテーマで福井大学の学生に対して解説することが用務であった。

わが国では研究者個人に研究者番号が与えられている。退職し名誉教授だけとなると、この番号は抹殺されるという。研究者と認められないということか、ちょっとがっかりした。

名古屋大学に勤務していた三〇歳前半に渓流釣りを始めた。そのころは、愛知県はもちろん、岐阜県、三重県、そして福井県にまで足を伸ばして釣りに行った。福井県の九頭竜川の支流のひとつ、日野川には何度か出かけた。この川の上流に「夜叉ヶ池」と呼ばれる池が山頂にあることを知って、一度はそこまで登ってみたいと思っていたが、当時はイワナがたくさん釣れて、いつも池に辿り着く前に魚籠《びく》がいっぱいになってしまったので、見ることができなかった。

この機会に是非とも「夜叉ヶ池」へ行ってみたいと、地元の人に案内を頼んだ。「車止め」から約三キロ、標高差五〇〇メートル三時間の行程という。快晴で登り始めると、たちまち汗をかきだした。途中で大きな滝があり、登山道と沢が近づく。そこで沢に入り川虫を捕り、やや広い落ち込みに竿を入れると、強い引きがあり二七センチのイワナが釣れてきた。

ピクニック気分で登り始めたが、行き違う三〇名近い登山客はみんな本格的な装備をしていて、これはまったくの登山だと反省した。というのも、私は渓流釣り用のゴム足袋を履いて登ったので、すっかり疲れ、まいってしまった。

しかし、二時間三〇分ほどで、四〇年間近く行ってみたいと念じていた小さいながらも、神秘な青色をした「夜叉ヶ池」に辿り着くことができた。そして、はるかに谷底が望める岐阜県側から吹き上げる風で、ほてったからだを冷やしながら昼食を摂った。

下山して、「車止め」に着いたとき、二股に分かれたもう一方の沢の上に大きな堰堤が見えた。五〇メートルほど歩き、その淵でもう一度竿を入れた。根掛かりかと思われる強い引きで、枯れ枝に巻きついて、二八センチのイワナが釣れてきた。

滑りやすい急斜面の上り下りを、川釣り用の足袋で歩くのは、とても困難であって用心しながら一歩一歩足を運んだ。幸い下りで一度転倒しただけですんだが、「もも」と「ふくらはぎ」の筋肉痛に二日から三日悩まされることになってしまった。

日野川の渓流で釣れたイワナ

3時間をかけて辿り着いた夜叉ヶ池

9

2007年6月

「アメリカ市民スポーツ連盟」総会とアメリカンリバー

アメリカンリバー上流での釣り

勝ち負けを争わないスポーツ（ウォーキング、スイミング、サイクリング）を広めようとドイツを中心とするヨーロッパで、国際市民スポーツ連盟（ＩＶＶ）が一九六八年に結成された。ヨーロッパ以外の国として初めてアメリカ市民スポーツ連盟（ＡＶＡ）が一九七九年にＩＶＶへ加盟した。ちなみに日本市民スポーツ連盟（ＪＶＡ）は一九九七年に加盟し、現在では世界五〇カ国近くが加盟している。ＡＶＡの総会は隔年に開催される。二〇〇七年はカリフォルニア州サクラメントで、六月二十七日～三十日にかけて行われた。「Walk for the Gold」をスローガンに掲げた総会では、朝六時に数台のバスに参加者を乗せて、毎日違ったウォーキングコースへ運び、七時から五キロ、一〇キロのコースを歩く。

午後は、各種セミナーや総会が開催される。二十七日の総会には四〇〇名以上の参加者が出席した。会長挨拶の後、来賓の紹介がありＪＶＡを代表して私は、二〇〇七年に富士山・富士五湖地域で開催される「ＩＶＶオリンピアード」への参加を呼びかけた。ヨーロッパ以外では最初となる日本での

総会には多くの参加者が出席した

「IVVオリンピアード」開催に、アメリカ人は強い関心を抱いたようであり、友人にも渡したいのでと数枚持っていく人もいて、持参した一〇〇〇枚の大会案内チラシはすべてさばけてしまった。

サクラメントは、サクラメントリバーと、アメリカンリバーが合流する地点にある。暇を見つけて釣りができるだろうと、釣り具を持参した。幸い釣りの趣味はないが案内してくれるという地元のボランティアがいた。三日間は参加者と一緒に歩いたので、四日目に釣りに行くことにした。釣り具屋でカリフォルニア・フィッシング・ライセンス（日釣り券）を一二ドル一〇セントで購入、ついでにミミズとブドウ虫に似た虫も買った。

まず案内してくれたのが市街地に近い公園で、川幅は三〇メートル以上、水の流れは速い。短いリール竿に玉浮きをつけ、一五～二〇メートル流した。当たりは感じられなかったが、ミミズは半分以上ちぎられていた。何度か流したが同じで、ブドウ虫に変えたところ強い当たりがあった。〇・七号のハリスでは切られると思い焦らずゆっくりと引き寄せた。釣り上げたのは四〇センチ近いバスであった。

その後、三〇キロぐらい上流へ移動した。渓流となるアメリカンリバーが二股に分かれるところに駐車して、川沿いに八〇〇メートルぐらい歩き、下を流れる川へ一五メートルほどの急坂を降りた。暑い土曜日とあって、たくさんの親子が深みで水遊びをしていた。そこで、瀬になったところで釣り始めた。当たりはあるが魚は小さいようで、釣れてこない。二カ所目でようやく二〇～二五センチの日本では見られない魚が、四匹釣れてきた。

ところで、ＡＶＡの総会参加者は、ハワイからの女性二名、アジア系と見られる女性一名、黒人男性一名、そして、日本人を除けばすべて白人であった。アメリカのウォーキングは白人社会に根づいたスポーツ文化といえるかもしれない。あるいは、日本人の場合を考えると中産階級の人々が実践する運動であり、経済的にも時間的にもゆとりのある白人の間で人気が高まったともいえそうである。

アメリカンリバーのバス

オテバーの湖

10
エストニアのサウナと湖
2007年7月

「IVVオリンピアード」と名付けられた勝ち負けを争わないスポーツの世界祭典が、バルト海に面したエストニアの冬の首都と呼ばれるオテバーで、二〇〇七年七月十二日から四日間行われた。開会式はクロスカントリースキーコースのスタートとゴールになるスタンドつきの広場で開催された。夕方六時から国名を書いたプラカードと国旗を先頭に、三五カ国からの参加者二〇〇〇名近くが入場行進をした。

四日間ほとんど快晴であったが、時々集中的に雨が降る中で、六キロ、一二キロ、二〇キロ、四二・一九五キロのウォーキング、二五キロのサイクリング、三〇メートル、五〇〇メートル、一〇〇〇メートルのスイミングというさまざまな種目が用意され、参加者がそれぞれ選択、楽しんでいた。

エストニアは海を挟んで隣接するフィンランドと風土がよく似ていて、森と湖の国といってもよいだろう。そして、国民はサウナをこよなく好むという。宿泊したホテルは、とても古風な木造の建物である。玄

湖の水生植物

関を入るとすぐ左脇に、大きなサウナがあった。玄関を出て二～三分坂を歩いて降りると、小さな湖がある。サウナで汗をかき、タオルを腰に巻いてゆっくり降りて行くと、ほてったからだは次第に冷えてくる。湖の水温は二二～二三度と思われた。ちょっと冷たい感じがしたが、森の中の湖で気持ちよく泳ぐことができた。本格的なサウナを久しぶりに堪能することができた。

この湖には黄色の小さな花をつけた水生植物が群生している。ホテルの人に聞くと、魚は釣れるという。餌はと聞くとパンと答えてくれた。パンを数切れもらって、湖に突き出た桟橋の先端から、釣り針を入れると、たちまち玉浮きがピョコピョコ動いた。すぐに止んでしまったので、竿を上げると餌がない。何度か繰り返すうちに、ようやく目の赤い一五センチぐらいの鮒のような魚が釣れてきた。

パンはあまりにもパサパサしていて、唾をつけてもうまく丸めることができない。そこで夕食に出たパスタのほうがよいと思い、残しておいてあくる日の早朝、同じ場所で釣り始めた。確かにパスタは針掛かりがよく、パンのようにすぐに溶けることもない。同じ種類の二五センチ近い魚が釣れてきた。このくらいの大きさになるとさすがに引きも強く、竿のしなりを十分に楽しむことができた。白夜の朝と夕方、毎日釣ってみたが、すべて同じ種類の魚であった。ホテルの人は、一キロの魚がいるというが、残念ながらお目にかかることができなかった。

ＩＶＶと略称される世界五〇カ国が加盟する「国際市民スポーツ連盟」の総会が「ＩＶＶオリンピアード」に先立って行われた。そこで私は第一副会長に選出された。白人以外、初めてとなる役員に選ばれ気恥ずかしい気分であったが、今後少々忙しくなるのではないかと気が重くなった。

湖で釣れた魚

北方圏生涯スポーツ研究センター

11

2007年10月

北翔大学「北方圏生涯スポーツ研究センター」と留萌での釣り

最近の少子化の影響で大学の存続が厳しい状態にあること、特に私立大学にはたくさんの競争相手があり、苦戦を強いられていることは周知の事実である。北海道江別市にある浅井学園大学は、二〇〇七年四月から北翔大学とその名称を変更し新たに出発した。

この大学には、二〇〇四年に発足した「北方圏生涯スポーツ研究センター」がある。「学術フロンティア推進事業」に基づいて、中核的研究拠点として選定され、北方圏における「総合型地域スポーツクラブ」「寒冷地スポーツ推進」「競技者育成」「体力向上」「体験活動」「食育推進」に関する総合的・学術的研究を行い、生涯スポーツ文化の創造・形成に貢献することを目的としている。

センターの略称はＳＰＯＲ（スポル）と呼ばれ、三階建ての建物には、二五メートルの室内温水プールと水深五メートルのダイビングピット、各種マシーンが設置されたトレーニングルーム、大型のクライミングウォール、球技場、多目的フロアーといった運動施設がある。加えて、身体能力測定用のトレッドミル、自転車エルゴメーター、呼気ガス分析装置、体組成分析装置、そして、動作解析用のハイスピードカメ

室内温水プール

ラ、ＶＴＲ分析装置などを揃えた研究室がある。体育・スポーツ系の大学を除けば、国内最高の運動施設のひとつといえる。

このＳＰＯＲは二〇〇七年十月から総合型地域スポーツクラブの拠点として、地域住民へのサービスを開始した。その機会に計画された大学主催の市民公開講座の講師を依頼されて出かけた。

講演会の前日の昼ごろ札幌に着き、夕方から夜にかけて「ワタリ蟹」がかかるというので、北海道の釣り仲間と日本海に面した留萌へ行く。仕掛けは、内部に二個のクリップをつけた長さ三〇センチぐらいの網である。

このクリップにイカの切り身をつけ、投げ竿で沖に向かって投げる。イカに誘われて近づいた「ワタリ蟹」の足がからまって逃げられなくなり、釣り上げることができるのだ。魚のような引きはないが、鈍重な感じがすればかかった目安となる。日本海に夕陽が沈むころ、仲間の網に三匹の「ワタリ蟹」がかかってきた。その晩に茹でて、美味しく食べることができた。

ところで、夕陽が沈んであたりが暗闇に包まれ、空を仰ぐと満天の星を見ることができた。何年前に見たのか忘れるほど昔のことであったが、改めて北斗七星がはっきり見える星の輝きに感動した。

翌四日、車で海岸沿いに南下していくと、漁港で釣っている人を見かけた。早速車を止めて、釣り人に尋ねたところ、この漁港では毎年、鮭の稚魚を放流しているので鮭の成魚が釣れるという。昨日は九匹、今日は七匹釣れたといい、七〇〜八〇センチの鮭を見せてくれた。しかし、川へ上って産卵することのできない所に放流された鮭に、哀れを覚えたのである。

その後、江別市へ戻る途中の渓流へ入る。もう鮭が遡上する季節なので、釣れないかもしれないといわれたが、中流域で二五センチのエゾイワナが釣れ、さらに上流では川幅が五メートルほどになったが、一五〜二〇センチのヤマメ、オショロコマが釣れてきた。

午後、SPORを見学し、無事講演を終えることができた。北翔大学がSPORを中心に、市民の健康・体力づくりに成功を収めることを期待したい。

多目的フロアー

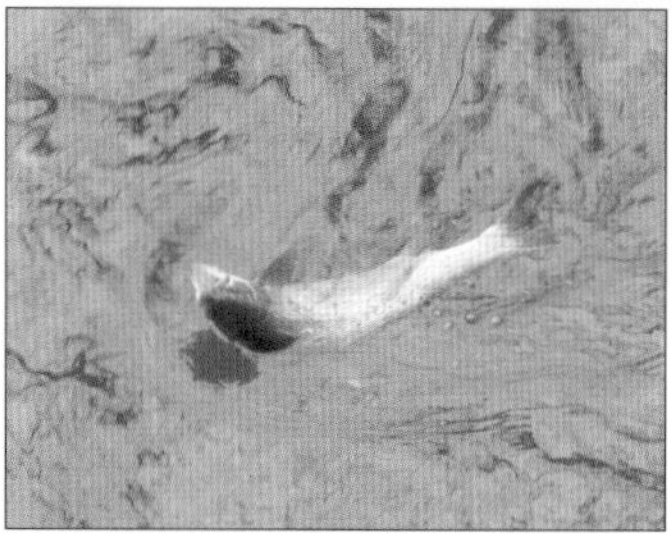

小川の下流には小さな釣り場がある（上）
30センチを超すニジマス（下）

12

2008年4月

「IVVオリンピアード」組織委員会と忍野八海での渓流釣り

「ウォーキング」「サイクリング」「スイミング」を主たる種目として、誰でも参加できる勝ち負けのないスポーツの国際大会、IVVオリンピアードを実施することになった。この大会は、富士山麓の雄大な「自然」とその中での「健康づくり」、自然や人との触れ合いによって得られる「精神的充実感」という三つを基本理念に世界の人々へ健康づくりを啓発し、相互の親睦を図ることが趣旨である。この第一一回IVVオリンピアードは、二〇〇九年五月十四日～十七日まで富士山・富士五湖で行われる。

二〇〇七年の暮れに私は、この大会の組織委員会の会長を引き受けた。そして、開催が一年後に迫った二〇〇八年四月十六日、富士吉田市にある「ハイランド・リゾート・ホテル＆スパ」において、富士五湖広域行政事務組合に加盟する六つの市町村の首長、教育長など関係者が集まって組織委員会が開催された。大会の主会場は富士河口湖町にある総合公園、ステラ・シアター、町民プールであり、サブ会場は山中湖村にある「交流プラザきらら」である。そして、五キロ、一〇キロ、二〇キロ、四二・一九五キロのウォーキングコースが各市町村にまたがって、設けられる予定である。

このように異なる市町村が協同で大きなイベントを開催するので相互の意思の疎通が欠かせない。幸い組織委員会では二〇〇八年度の事業、予算報告が承認され、二〇〇九年度事業、予算計画も若干の意見が加えられ承認された。

組織委員会が終了し、弁当を食べた午後一時三十分から帰りの電車に乗るまでの二時間半、釣りには時間が短いが、無理をいって忍野村へ釣りに連れて行ってもらった。村には有名な「忍野八海」がある。富士山の湧水でできた八つの池からなる観光地で、澄んだ池には大小のニジマスが群れをなして泳ぎ、大勢の観光客が覗き込んでいた。

この「忍野八海」の池の間を通り抜けるようにして、小さな川が流れている。この川は下流で、やや大きな渓流と合流し釣り場となっている。所々に立て看板があり、フライフィッシング、ルアーフィッシング専用釣り場と、餌釣りをしてもよい場所とが指定されていた。

流れる水は湧き水が主なのか、綺麗で川底まで見通せる。よく見ると大きな鯉、そして、ニジマスの泳いでいる姿がある。持参したルアーロッドにいくつかのルアーをつけて投げてみたが、泳いでいる魚は見向きもしない。そこで、近くにあるコンビニへ行って、イクラの卵を買ってきて深い所を流す。三〇センチを超えるニジマスが釣れてきた。何度か同じ所を流すと、次は二〇センチのブラウントラウトが釣れた。

連れて行ってくれた人は、釣りをまったくやったことがなかったので、よく知らなかったが、川沿いにはたくさんの釣り人がいたし、私が試してもすぐに釣れてきたので、偶然にも放流日に巡り合ったようであった。とにかく、久しぶりに、渓流魚を手にしてうれしかった。

大会マスコットの「YAKKO」

清里町を流れる斜里川

13

2008年5月

北海道でのウォーキング指導と尺を超すアメマス

縁があって、北海道の東北部へ毎年釣りに行く機会に恵まれてきた。ヤマベ（本州ではヤマメ）の解禁は、道南では六月一日、道東では七月一日であって、五月はヤマベを釣ることが禁じられている。しかし、渓流に棲む他の魚、エゾイワナ、アメマス、オショロコマ、ニジマスなどは釣ってもよいことになっている。これらの魚は、海に下るサケの稚魚を食べるので「害魚」ともいわれるのである。

二〇〇八年五月に暇をつくって出かけることにした。各地で高齢者の運動指導を展開している札幌市の五十公野《イズミノ》修氏に、前もって五月二十三日（金）～二十五日（日）なら運動指導を手伝ってもよい旨伝えておいたところ、調整ができて二十四日の午前中は津別町で、二十五日の午前中は別海町で、それぞれ講義とウォーキングの指導をすることが決まった。旅費、滞在費の負担がなくて済むので引き受けてくれたのであろう。ともに教育委員会の社会体育課が町民を対象に計画したものであったが、健康福祉課の看護師、栄養士の人たちも参加がみられ、運動実践

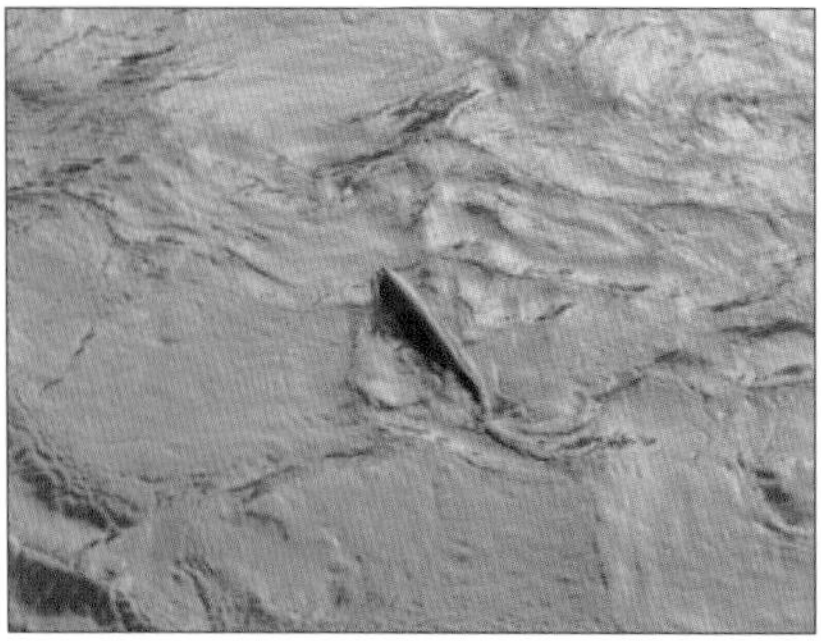
釣れた魚が泳ぐ

アメマスの顔

についての関心の広まりが感じられた。

津別町は晴天に恵まれ、事前申し込みを超えた四〇名近い人が参加して、体育館の外の広い道でウォーキングの実習ができた。別海町はあいにくの雨で体育館内でのノルディックウォークの実習をせざるをえなかった。

実習前の講義では、厚生労働省の運動の指針に盛り込まれた「一週間に二三エクササイズをしよう」についての解説をした。新しい「エクササイズ」という運動の単位を、メッツを使って順序よく話すと、高齢の参加者でも理解できたようであった。もちろん日ごろから両町の担当者が積極的に町民へ運動指導をしているので、参加した人たちはとても熱心に話を聞き、歩く実習を行っていた。

津別町では津別川と斜里川で釣りをしたが、紹介するまでもない釣果であった。別海町では、西別川の下流と上流へ入った。別海町の街中を流れる下流域では、小さな堰堤のあるところで、四〇センチを超えるアメマスがかかったが、〇・六号のハリスでは無理のようで三分間ぐらい粘ったが、切られてしまった。

いつもよく釣れる西別川の上流域の小さな滝壺のポイントでは、今年も二八〜四〇センチのエゾイワナ、アメマスが次々と一〇匹ぐらい釣れた。やや下流の梅花藻の繁茂するところで大きな引きがあり、急流を泳ぎまわる大物をやっとのことで釣り上げた。赤い線がはっきりした四五センチを超えるニジマスであった。

上流で釣れた魚は綺麗なので、エラと内臓を取り除いて味噌を詰め込み、川辺に生えているクレソンの葉で巻き込んで持ち帰ることにした。加えて、大きなフキとコゴミも採って家に帰り、美味しく味わうことができた。

14

2008年7月

「国際市民スポーツ連盟（IVV）」とイギリス、ヨーク市での釣り

国際市民スポーツ連盟総会が開催された古い建物

最寄りの空港がマンチェスター、そこから急行列車で北東へ一時間五〇分かかるところにある古い街ヨークで、IVV総会が二〇〇八年七月四日〜五日に開催された。次の総会は「IVVオリンピアード」が開催される山梨県富士五湖地区と決まっている。そこで、富士河口湖町町長と参加した。

私は、二〇〇九年五月十四日〜十七日に開催される「第一一回IVVオリンピアード」の準備が順調に進んでいること、町長は富士山の美しさを強調し、たくさんの人たちの参加を要請した。総会ではその他、新しい規約の制定、国際マーチングリーグ（IML）との協定書の締結、二〇〇八年の決算、二〇〇九年の予算などが審議された。また、南アメリカでは初めてとなるブラジルからの代表者が、加盟申請の申し出を行

い、満場一致で承認された。

ヨーク市の古い城壁に囲まれた旧市街地は、たくさんの観光客で溢れていた。古いレンガ造りの街並みと石畳の曲がりくねった道が美しい景観を生み、古いイギリスを堪能することができた。また、古い城壁には人がやっとすれ違える幅の石の道が続いていて、歩くコースとなっている。この城壁に囲まれた街中を幅四〇メートルぐらいのオーセ川が流れている。流れはゆったりしていて観光船が往来している。

インフォメーションセンターに出かけ、釣りをしてもよいか聞いたが、はっきりした答えは返ってこない。ヨーク市で唯一と思われる釣り具屋を地図で示し、そこへ行くように薦められた。釣り具屋では釣りのライセンスが必要なこと、それは郵便局で購入するようになっているという。

金曜日の昼に郵便局へ行き、ライセンスを購入する。日釣りでシニア割引があれば頼むというと、パスポートを見て確認してから三ポンド五〇ペンス(約五〇〇円)を請求された。日釣りといっても、釣り始めた時刻から二四時間有効と記されているライセンスを手にしたのは初めてであった。

金曜日の午後一時、前日の早朝、見に来て釣っていた人がいた場所で、パンを餌に釣り始めた。しかし、観光船やボートが行き交うためか、当たりがまったくなかった。そこで、三人の釣り人がいる幅二〇メートルぐらいの川が合流する場所に移動した。幸い彼らが切り上げるときに、赤く着色したウジ虫をもらった。

ヨーク市中を流れるオーセ川

赤いウジ虫を数匹つけて、川底すれすれに着くようにして待つと、玉浮きが沈み一五センチぐらいのパーチが釣れてきた。しばらくして、やや大きめの同じパーチが釣れた。釣り人に聞くと、パイクなどかなりの大物が釣れるという。しかし、時間がなく残念ながら夕方諦め、止めることにした。もう少し時間があればゆっくり楽しめたのにと、心に残る釣りであった。

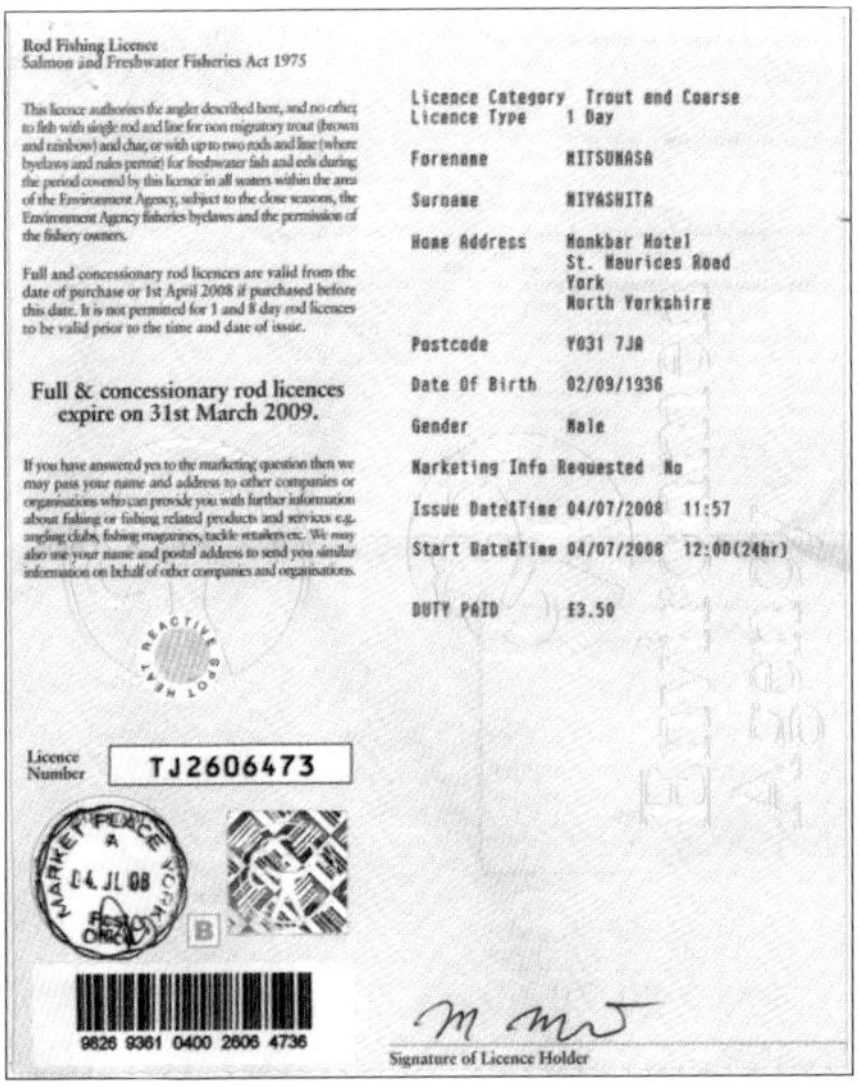
Rod Fishing Licence
Salmon and Freshwater Fisheries Act 1975

This licence authorises the angler described here, and no other, to fish with single rod and line for non migratory trout (brown and rainbow) and char, or with up to two rods and line (where byelaws and rules permit) for freshwater fish and eels during the period covered by this licence in all waters within the area of the Environment Agency, subject to the close seasons, the Environment Agency fisheries byelaws and the permission of the fishery owners.

Full and concessionary rod licences are valid from the date of purchase or 1st April 2008 if purchased before this date. It is not permitted for 1 and 8 day rod licences to be valid prior to the time and date of issue.

Full & concessionary rod licences expire on 31st March 2009.

If you have answered yes to the marketing question then we may pass your name and address to other companies or organisations who can provide you with further information about fishing or fishing related products and services e.g. angling clubs, fishing magazines, tackle retailers etc. We may also use your name and postal address to send you similar information on behalf of other companies and organisations.

REACTIVE SPOT HEAT

Licence Number TJ2606473

MARKET PLACE YORK 04 JL 08

9826 9361 0400 2606 4736

Licence Category	Trout and Course
Licence Type	1 Day
Forename	MITSUMASA
Surname	MIYASHITA
Home Address	Monkbar Hotel St. Maurices Road York North Yorkshire
Postcode	YO31 7JA
Date Of Birth	02/09/1936
Gender	Male
Marketing Info Requested	No
Issue Date&Time	04/07/2008 11:57
Start Date&Time	04/07/2008 12:00(24hr)
DUTY PAID	£3.50

Signature of Licence Holder

郵便局で販売していた釣りの許可証

やっと釣れたパーチ

第10回青森県南部町「ふくち里山あるき」のチラシ

15

2008年6月

青森県南部町の「バーデパーク」と里川釣り

「ふるさと創生資金」と名付けて全国の市町村に交付された一億円を基にして、青森県の旧福地村は温泉を掘削した。その温泉を利用して大型の「温泉利用型健康増進施設バーデハウスふくち」が建造され、二〇〇八年一五周年を迎えた。建造当時相談を受け、水中運動用として二五メートル三コースの水泳専用プール、二五メートル二コースの水中歩行専用プール、アクアビクス用の浅いプールをいろいろな入浴施設と併設することを提案した。また、二階部分には休憩室とともに、体力診断システムのあるトレーニング室も附置した。

その後、宿泊施設として「アヴァンセふくち」と「ふくちアイスアリーナ」とが増設された。そして、福地村は三町村の合併によって南部町となり、今日に至っている。この施設利用者は毎年二〇万人を超え、周辺住民にとっては、心身のリフレッシュができる場としての存在価値が、次第に根づいてきたようである。

宮下師　みちのく里川“悪戦苦闘”釣行記
２００８年　６月２３日（月曜日）
天候：雨　気温：１５℃　無風
後藤川（十和田市）猿辺川（三戸）

堰合氏が送ってくれたみちのく里川「悪戦苦闘」釣行記

他方、利用者の一層の増加を見込んで「里山あるき」の開催を提案した。当時では、青森県では初めてのウォーキングイベントであって、近隣の人たちの参加を得ることができた。そして、二〇〇八年六月二十二日に記念すべき第一〇回大会が、財団法人南部町健康増進公社の主催で、五〇〇名近いウォーカーが参加して行われた。日本の北のはずれにあって人口の少ない町でのウォーキングイベントが九年間も続くとは予想しなかったが、地元関係者のまじめな取り組みの成果であったのであろう。

杉林の中を抜けるコースの最初は、道の左右に茶色の桑の実、橙色の木イチゴが実り、参加者は摘んで口に入れる。そのあと名産のニンニクの畑が続く丘を歩き、下って広々とした水田の中を通り抜け、大きな吊り橋を渡って帰るという田園周回路であり「美しい日本の歩きたくなる道五〇〇選」のひとつに指定されている。

南部町には、岩手県から八戸港へ流れる馬淵川がある。この川の枝沢ともいえる「里川」にイワナ、ヤマメがいるので案内するという六〇歳後半の釣りのベテラン堰合《セキヤ》喜代二《キヨジ》氏が「朝早く行かなければあまり釣れない」というので、朝四時に出た。「里川」というだけあって、目的とした川は田圃の間を流れている。

小雨の中、最初に入った川では、まったく当たりがなく、前日の日曜日に誰か釣りをしたと思われる足跡があり、早々に引き上げ、別の川へ向かった。川に入る前に農家の人に出会い様子を聞くと、田圃の水が少なく、川からポンプで毎日定期的に汲み上げているという。そのためか川の水溜りでも水が少ない。ここでも前日の釣り人の足跡が見られたが、ポイントでは当たりがあり、一五センチぐらいのイワナ二匹と、今年生まれたヤマメが数匹釣れた。

以前は、上流の堤から取水し、順次田圃に水を入れていたのが、水路の管理に手間がかかるので、それぞれの農家が、川から水をポンプで汲み上げているというのだ。釣果が上がらなかった理由のひとつは、水量が一日のうちに人工的に急変するので、魚が警戒するからだろうと、案内人の堰合喜代二氏が説明してくれた。そして、デジカメで撮影した私の映像を編集し、送ってくれた。

次を期待したい。

穏やかな海

16 ニューカレドニアでノルディックウォーク、そして海釣り

2008年6月

この二〜三年の間に、両手にポールを持って歩く「ノルディックウォーク」が急速に普及してきた。最初はクロスカントリースキー選手が夏季のトレーニングとして始めたようであるが、一九九〇年ごろから、普通の人たちの健康・体力の保持増進にとてもよいという研究結果が次々と発表され、さらに広がりをみせた。

他方、日本では高齢者を対象とする大きな病院を経営する松谷之義医師が、お年寄りに対して歩行訓練用に「ノルディックウォーク」を薦めたところ、予想以上の効果があることを認め、介護予防に最適という報告をしたことから、各地の「介護老人保健施設」で採用し始めた。

言い換えれば「ノルディックウォーク」は、衰え始めた高齢者、働き盛りの壮年、体力が最盛期にある青年、すべての人に適した運動様式として認知され始めたといえるだろう。

社団法人日本ウオーキング協会は専門部会を設け、ポールの普及、そして「ノルディックウォーク」の指導者養成に乗り出した。ポールは輸

グラスボートからの釣り

入品がほとんどであったが、日本においても製作されるようになり、ポールの販売店も各地にみられるようになった。「ノルディックウォーク」は歩く動作に上肢の動きをうまく合わせるという点で、初めての人は上手にできない。そこで、ウォーキング指導者に「ノルディックウォーク」の指導法の講習会を実施し、的確に指導のできる指導者の育成を図ってきた。

「ノルディックウォーク」指導者が全国各地で講習会を開いて、多くの人たちが興味を示し日常的に実践するようになった。このように実践して歩く自信がついてくると、その成果を試したくなるものである。ある人は登山へ出かけるだろう。しかし、山は急峻で天候も変わりやすいので、事故が発生することがある。そこで、多くの人たちが安全に楽しめるところを探し当てたのが、南太平洋にあるニューカレドニアであった。

二〇〇八年六月四日直行便で九時間かけて出かけた。四国ほどの面積のある中央に山脈が連なる細長いフランス領土の島である。全島がバリアリーフで囲まれ、周囲の海は穏やかで、季節は「夏と初夏」との二つと案内書に書いてあったが、北からの乾いた海風が吹き、日中でも過ごしやすい。

いくつもの入り組んだ湾沿いにある中心都市ヌメアには、海岸沿いの道路の海側にヤシ並木の下に遊歩道が続いている。住民はフランス人、先住民族のメラネシア人、その他といろいろである。驚いたのは夕陽が沈むころ、そして朝陽が昇るころ、遊歩道には歩く人、ジョギングする人が絶えることがない。歩きたくなる環境であれば、たくさんの人たちが歩くようになるのだろうと、改めて考えてしまった。

海で釣れた魚

北に向かって、誰も住んでいない山の中を車で行くと、ヌメアの水源となっているヤテ湖という広大な人造湖がある。この周囲の森の中を歩くのも楽しかった。
半日グラスボートに乗って海に出て、水深二〇～二五メートルのところでイカの切り身を餌に釣りをした。三〇センチ前後の魚が釣れ、持ち帰ってレストランで調理してもらい、ランチを楽しむことができた。二〇〇九年六月初旬に、日本の中高年齢者二〇〇～三〇〇名と一緒に行って、地元の人たちと「ノルディックウォーク」を通して交流を図る計画である。ついでに希望する高齢者には、南太平洋の釣りを楽しんでもらいたいと思っている。

ニューカレドニアでのノルディックウォーク

快晴の富士山

17
2008年11月
ワカサギ釣りと山中湖村での「ＩＶＶオリンピアード」

　勝ち負けのないスポーツの祭典と謳った「ＩＶＶオリンピアード」がもう数カ月後に開催される。地元民の協力がなければ祭典は成功しない。そこで、二〇〇八年十一月十九日の夜「なぜウォーキングイベントを開催するのか？」と題して、イベントへ参加する人それぞれが自分の健康の保持に役立つとともに、世界中から集まる人たちの間で友情の輪が広がるといった開催の意義について、富士河口湖町ウォーキング同好会の人たちに講演した。

　あくる日、もうひとつの会場となる山中湖村へ出かけた。五〇年以上も前、東京大学の山中寮に宿泊して湖で泳いだとき以来久しぶりの訪問であった。道端に「東京大学山中寮」という立て看板があり、とても懐かしかった。

　それにしても、昔の大学教育にはゆとりがあったのではないか。当時、東京大学には伊豆の海岸に戸田寮、谷川岳に谷川寮、そして、森と湖のある富士山麓に山中寮を有していて、夏休みともなると学生、教職員が大勢

ビニールハウスの中のボート

たくさん釣れたワカサギ

利用していた。しかし、今ではすべて古くなり、利用者も減少していると聞く。大学の費用で建て替えが困難なのか、山中寮は個人からの大口の寄付を受けてリニューアル工事中であった。

山中湖は、ワカサギとブラックバス釣りで有名である。ブラックバスは「外来生物法」に基づいて、特定外来生物に指定されていて、釣った魚の生きたままの持ち帰りが禁止されている。持ち帰りたい人は、監視人の目の前でブラックバスの息の根を止めなければならない。ところで、ブラックバスとワカサギがよく共生していると思い地元の人に尋ねると、ブラックバスはワカサギの卵を食べないので、同棲しているのだという。

中央に五〇センチ幅に隙間があって、両側から釣り糸を垂らすことができるビニールハウスのようになったボートが、沖に浮かんでいる。そこへ、桟橋からモーターボートで乗り込み釣るのである。外気温二度というのに船の中は、陽が当たるため暖かく快適であった。

七本バリに赤いウジ虫をつけて、水深二〇メートルぐらいの底におもりを落とすと、すぐさま竿先が反応する。まさに入れ食いであった。しかし、毎度小さい針に小さい虫をつけるのは、老眼になった者には疲れる仕事であった。それでも三時間ほどの間に一〇センチ前後のワカサギがたくさん釣れた。

山中湖の周囲は、歩道とサイクリングロードが整備されていて、毎年「山中湖ぐるりんウォーク」というウォーキング大会が開催されてきた。また、レンタサイクルも用意されていて、富士山を眺めながら、平坦な道でのサイクリングを楽しむことができる。

五月の「ＩＶＶオリンピアード」には、すでにヨーロッパ、アメリカから八〇〇名以上の申し込みがあり、中国、韓国、台湾などからも、大勢の参加が見込まれ、日本人も五〇〇〇名近くが予定していると聞く。

組織委員会会長としては、無事に終わることを願うのみである。

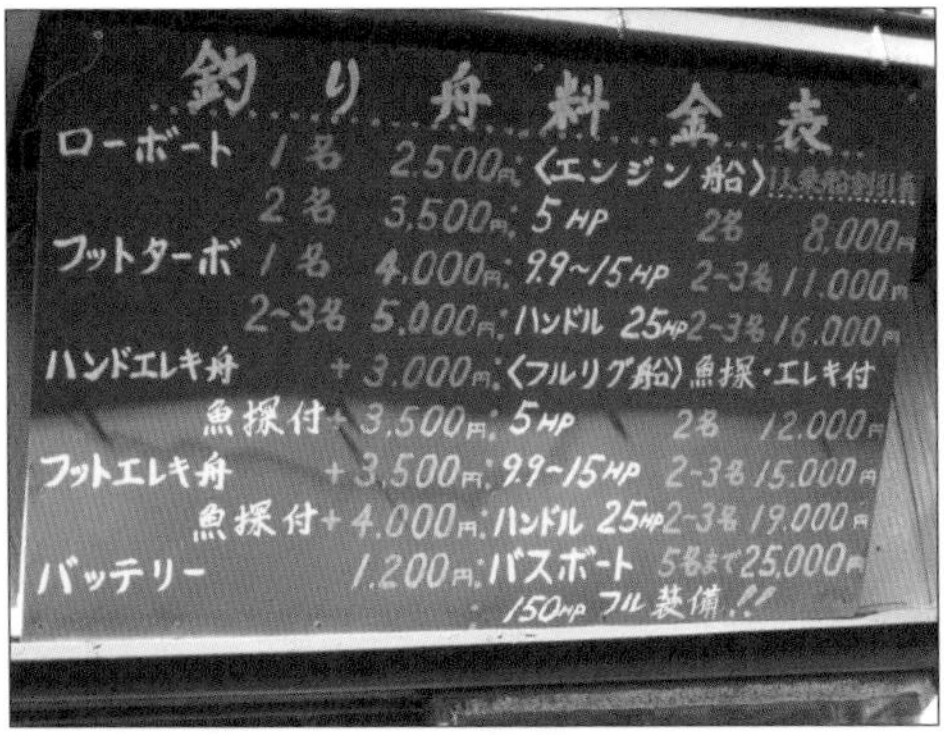

桟橋前にある釣り舟料金の立看板

18

2009年2月

「えひめ高齢者ヘルスプロモーション研究会」と瀬戸内の大アジ

大物のアジを釣る

　標記の研究会は八年前にＮＰＯ法人として結成され、理事長は高血圧遺伝子研究の世界最先端で活躍している愛媛大学医学部の三木哲郎教授である。高齢者のヘルスプロモーションには、真に心強い代表者である。このＮＰＯ法人の副理事長は、長らく「健康体操研究所」を主宰してきた松本陽子氏である。彼女とは以前から面識があり、私が釣り好きであることを承知していたので、依頼された講演前日の二月二十八日に海釣りの計画を立ててくれていた。

　スポーツ用品店を経営する釣り師が、潮流の荒い瀬戸内海での釣りを用意万端整えてくれていた。早朝から怒和島へ釣りに行く。漁業権の関係から岸からの釣りを除いて、

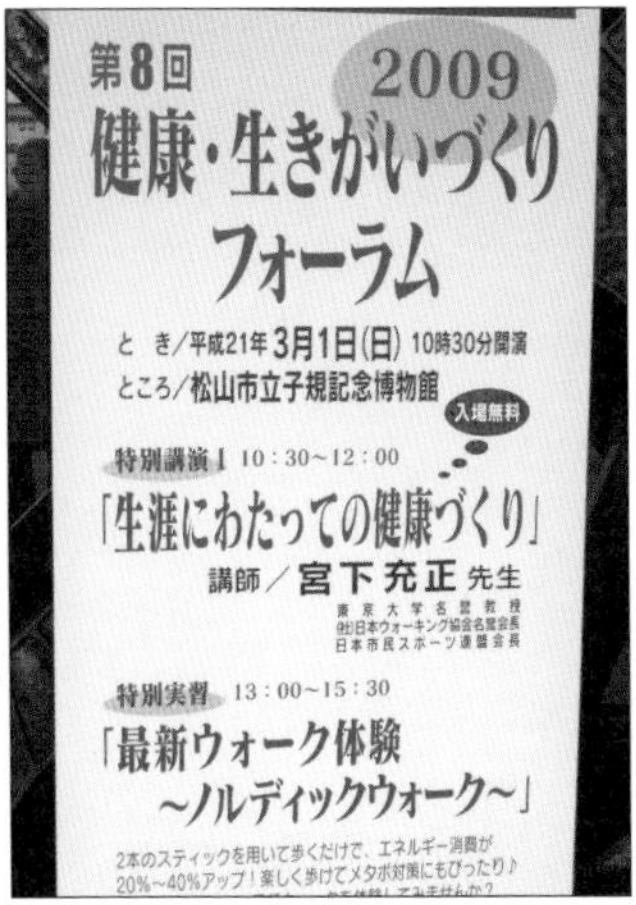

健康・生きがいづくりフォーラムの看板

島の周囲での船釣りは、島に住む船頭のガイドがなければならない。松山市から船に乗り二〇分ぐらいで怒和島へ渡り、釣り船に乗り換えての釣りである。

島の周囲には、白波が立つ浅瀬があり、その浅瀬への駆け上がりが釣りの好ポイントという。釣り船は深いところから、浅瀬に向かって流されていく。その間に釣るのである。撒き餌は禁止されていて、三～四号のサビキ針六本の先に四〇号のおもりをつけて底すれすれに流す。浅瀬に向かって根掛かりしやすいので、強く引っ張るとほどけるように、おもりを結ぶ。

一投目は竿の扱いで終わってしまった。船が元の位置に戻り二投目、浅瀬に近づいたので巻き上げると一五センチぐらいの赤メバルが釣れてきた。三投目、引きの強い当たりがきて竿先が大きく曲がり、やっとのことで魚が海面に見えてきた。

一キロ、四〇センチを超える大物のアジである。船頭がタモですくい上げてくれた。その後、ぼちぼち釣れ潮止まりまでに、大きなアジを三匹釣ることができた。

潮止まりとなったので、岸に上がり連絡船の待合室に入り、昼食を摂る。

午後一時過ぎ、潮が引き始めたので再び船に乗り、釣り始める。午前中とは違う浅瀬へ行く。ここの浅瀬の波は二メートルを超えるほどで、船の上に立っていられないほどの揺れであった。同行した釣り師が二五センチの黒メバルを釣り上げた。私も大アジが一匹釣れたところで納竿となった。しかし、船頭も驚くほどの大物アジで、松山市の料理店へ持ち込んで、刺身と塩焼きにしてもらった。

大盛況の講演となった

三月一日、道後温泉の近くにある松山市立「子規記念博物館」で「健康・生きがいづくりフォーラム二〇〇九」が開催され、午前中は「生涯にわたっての健康づくり」と題した講演を行った。日曜日の午前中にどのくらいの人が来るのかと思っていたが、用意された椅子がほとんど埋まるほどの高齢者たちが集まってきた。

松山市はノルディックウォークが日本でもっとも普及したところである。午後はノルディックウォークを楽しむイベントということで、その魅力に引かれてきたのかもしれない。ほとんどの参加者はマイポールを持参してきていたが、初めての人には、貸しポールを使って歩き方が指導されるということであった。

ノルディックウォークを中心とした定期的に運動する習慣が、ここまで市民の間に広まったのは、世の中で一般に見られる健康ブームに乗った結果だけではない。「民」の松本陽子氏の三〇年以上にわたる地道な運動指導に、「学」である愛媛大学医学部の教員たちの協力と、「官」である愛媛県・松山市が応援し続けた賜物である。

住民の健康づくりにはこのように三者の協調が重要であると口にする人は多いが、見事に実を結んだ例は松山市を除いて見たことがない。健康づくりに関係する人たちにとって、とても参考になる事例であろう。

19

2009年2月

「久米島のんびりウォーク」と海洋深層水温浴施設

サトウキビ畑を歩く（上）、完歩証（左）

昨年第一回大会が開催され、参加した人たちが「久米島のんびりウォーク」はとても良く、歩き終わってから海を眺めながらの温泉入浴も格別だと話していた。それを聞いて、二月十七日と十八日に歩き、温泉に入ろうと出かけた。遠いところであったがちょうど二人の娘の誕生日が重なっていたので妻と一緒、久しぶりの家族旅行となった。

パパイヤ、バナナが実る常夏の人口約八〇〇〇人の久米島は、サトウキビ、車エビが産物で主要な産業となっている。ま

いろいろな魚が釣れた

最初に釣れた魚

た那覇からも近く、観光客の誘致に積極的である。伝統ある「久米島マラソン」にはたくさんのランナーが参加する。さらに、プロ野球の「楽天」が、二月一日からの春のキャンプに使うという。

加えて、日本ウオーキング協会の主任指導員・藤井悟氏がウォーキング大会を計画したのである。彼は島民の健康づくりに熱心で、海洋深層水を利用した温浴施設「バーデハウス久米島」の開業準備にも関わったという。

第二回大会へは、一年前の三倍近い三〇〇名を超えるウォーカーが集まり、中に北は青森、南は熊本まで県外からの参加者がいたので、開会式で町長は喜びの歓迎挨拶をしていたのが印象的であった。

一日目は、太平洋を右に眺めながら海岸沿いを歩き、小高い山に登って下るコースで、二五キロ、一五キロであった。二日目は、ちょうど収穫期となるサトウキビ畑の間を抜け、ラムサール条約に登録された湿地帯へと巡るコースで、二〇キロと一〇キロであった。両日とも真冬であっても気温は二二度を超えていたが、注意報が出されるほど空気は乾燥していて、実に爽やかなウォーキングを楽しむことができた。

一日目は、海岸沿いのコースの途中、昼ごろ満潮となる漁港で竿を入れ、手の平サイズの魚が釣れてきた。

二日目は歩き終わってから「バーデハウス久米島」へ出かけた。この施設は橋を渡っていく小島にある。室内のやや大きな浴槽と、眼下に海が眺められる屋外のジャクジーと、寝転ぶ長椅子があり、ゆったりできる施設である。当日の午後はウォーカーが利用していたのでほぼ満員であったが、年間の維持経費は利用者の入場料では賄い切れず、赤字続きであるという。

観光客だけをあてにしたのでは、限界があるだろう。たくさんの島民が習慣的に利用し、医療費・介護費の軽減が見込めて初めて町としては採算が合うことになるのではないか。しかし、ウォーキング大会参加の島民はまだまだ少なく、からだを動かすことの重要性の認識が島民の間で薄いといえる。今後健康への意欲を高めるための啓蒙活動が必要と思われた。まだまだ時間がかかることであろうが、それまでせっかくの海洋深層水温浴施設の維持管理ができるだろうか、心配であった。

小島へ渡る橋の下には、潮が流れるやや深くなったところがあり、延べ竿に玉浮きをつけて入れると、たちまち魚が寄ってきた。なかなか針にかからなかったが、一時間三〇分ほどで、四匹の小さい魚が釣れた。地元の人がいうには、モンゴウイカが釣れるシーズンということで、あちこちで少年たちがルアーを投げていた。

神岡町の雪景色

20

2009年3月

「飛騨シューレ」設立と高原川の釣り

岐阜県の山奥にある在校生十数名という過疎の学校に、スポーツライターの山田ゆかり氏は独力で「山っこ倶楽部」を創立した。そして子ども、教師、親を対象として、彼らがこれまでやったことのない硬式テニス（二〇〇四年）、野球（二〇〇五年）、ゴルフ（二〇〇六年）の初歩を指導した。指導者は山田氏の縁故から、日本のトップクラスの人たちが協力してきた。加えてこの「山っこ倶楽部」では、子どもの体力、骨密度の測定を毎年実施し、客観的なデータを積み重ねてきた。その成果は住民の間で次第に認められるようになったのである。

その結果、飛騨市の後援を受けて、新たに「飛騨シューレ」を発足させた。「飛騨シューレ」は「生きる力育成学校」というスローガンのもとで、子どもを中心にして住民の健康・体力づくりを目指すものであった。二〇〇七年七月四日「飛騨シューレ」設立総会が、市職員、教師、父母、市議会議員一〇〇名の参加を得て開催された。その際、私は「子どもの体力を考える」と題して記念講演を行った。

飛騨市となった旧神岡町には、神岡鉱業がある。ここの巨大な坑道を利用して減圧室を造り、運動に対する生体反応に及ぼす気圧の違い（高所トレーニングの効果）を検討する実験を、私は一九九二年ごろ実施したことがある。同じころ造り始められたニュートリノを検出するスーパーカミオカンデは、一九九六年に完成したことを知っている人が多いだろう。

神岡には北アルプスから流れ出る高原川があり、鮎釣り、渓流釣りで有名なところである。講演会の翌日釣りをしたいからと、山田氏に準備をお願いしておいた。幸い、高原川漁業共同組合の参事をされている方が、直接案内してくれるということであった。朝七時に迎えに来てくれ、前日の降雨量が多かったので小沢へ案内してくれた。この小沢は、在来種保護のため放流は一切していないので、釣れるのは正真正銘の天然のイワナばかりだという。

まず、沢へ入って川虫を捕ってくれた。形のよい「チョロ虫」がたくさん捕れた。最初のポイントでは一〇センチぐらいのイワナが釣れた。釣り上がっていくと、ほとんどのポイントで当たりがあり、二時間ぐらいの間に一五〜二五センチの斑点のきれいなイワナが釣れた。案内してくれた人に感謝感激であった。この季節、沢の特に釣れそうなポイントに、蜘蛛の巣がしっかり張られていたのが厄介であったと思い出される。

「飛騨シューレ」の計画は、二〇〇八年の選挙で市長が交代し、市の行政から外されてしまった。そこで、改めて市民有志が、子どもを中心とした住民の健康・体力づくりのための新しい組織を二〇〇九年につくり上げた。理事代表山田ゆかり氏の「一般

飛騨シューレ設立記念会

社団法人飛騨シューレ」である。三月に設立記念会が開催され参加した。

地元の企業経営に携わる四〇歳前後の人たち、青年商工会議所の人たち、新しい農業を求めて活動する人たち、子どもを元気に育てるグループの母親たち、加えて、地元の商工会議所正副会頭に開業医、教師など実にさまざまな応援団で出発した。廃校になった校舎を払い下げてもらって、活動の拠点にするとのことである。すぐさま成果が生まれるとは思われないが、新しい形態の健康・体力づくりとして模範となることを期待したい。

二〇〇九年は暖冬で、三月初めというのに神岡の町の残雪はほとんどなかった。設立記念会の前、前回と同じ人の案内で釣りに出かけた。夏は水が少なくなるという沢で、小雨の中釣り始めた。当たりは小さく、やっとかかってきたのは一〇センチぐらいのヤマメである。二時間ほど釣り上がったが、釣れるのは一〇〜一二センチのヤマメばかりであった。この沢では、二センチぐらいの稚魚を放流しているとのこと、二年経たないと一五センチぐらいの大きさにはならないようであったが、ポイント、ポイントで当たりがあり、飽きない釣りであった。

その晩から、雪となり帰京する朝の神岡の町は、墨絵のような景色となっていた。

野沢菜の由来

21 「野沢温泉菜の花パノラママーチ」と朧月夜

2009年5月

二〇〇九年五月九日～十日に奥信濃にある野沢温泉村で、標記のウォーキング大会が開催された。それを機会に、最近人気が高まっている両手にストックを持って歩く「ノルディックウォーク」をさらに盛んにするために、まず長野県にある既存の四つのウォーキング大会で「信州ノルディックウォーク・プレミアリーグ」を設立することになった。

野沢温泉村はスキー場としては古くから有名であり、四〇年近く前に滑って以来の訪問である。今ではゲレンデは広がり、冬季にはオーストラリアからのスキーヤーが大勢やってくるという。

ところで、今回の訪問で新しいことを知った。それは、野沢温泉村へ近づくにつれて目についた黄色の菜の花が、漬物で有名な野沢菜の花であるということだ。村の山際にある薬王山健命寺の門前に、一七六五年京都から持ち帰った天王寺蕪の種を播いたところ、野沢の風土に合った特有の菜が採れるようになったという由来が書いてあった。

秋に漬物用の野沢菜を刈り取った後に、株を残しておくと雪解けとともに

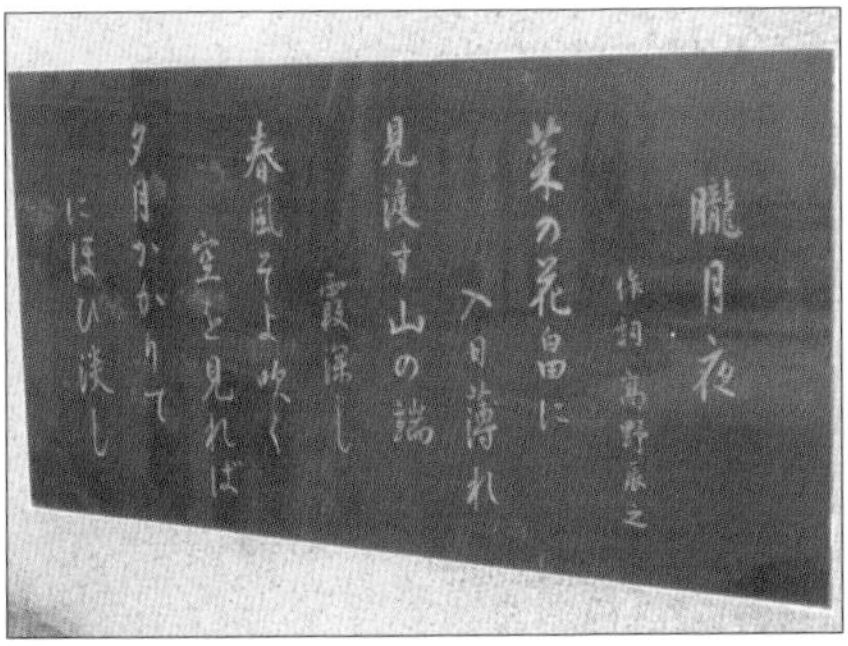

朧月夜

菜の花

高野辰之像

新しい芽が出てきて黄色い花を咲かせる。花を早めに切り取ってしまうと新しい芽が次々と出てくるので長い期間、菜の花を鑑賞できるのだという。

この野沢菜の花を歌詞にしたのが高野辰之で、誰でもが口ずさんだことのある「朧月夜」である。「おぼろ月夜の館」という記念館があり、その庭に高野辰之の胸像と、「春が来た」という自筆の歌詞の碑が建っている。雪深いところに住む人びとの春がきた喜びを「春が来た」「春が来た」とそのままに表現している。また、菜の花畑に近づくと「にほひ淡し」と歌われているように、気分が和らぐ花の匂いが漂っていた。

ところで、野沢温泉村は一九九八年の冬季長野オリンピックでは、クロスカントリースキーとバイアスロンの会場となった。その跡は「オリンピック・スポーツパーク」となって整備されている。その脇を流れる赤滝川には、天然のイワナがいるというので挑戦した。浄水場から上流が良いということで釣り始めたが、両岸がコンクリートで固められていて釣れそうもなかった。それでも、二八センチを頭に三匹釣り上げた。

それからさらに上流へと移動し、雪解けで水量の多い渓流となったが、まったく当たりはなかった。連休中に釣られてしまったのだろう。ところで、下のほうのゲレンデには、ワラビが芽を出していて地元の人たちが採ってい

春が来た

た。山奥へ行くにつれて「コゴミ」がたくさん採れるようになり、さらに鉄分が豊富な野葡萄の芽があり天ぷらにして美味しいということで収穫した。そして、残雪のある最上流には、「フキノトウ」がまだあるというように、高低差のある野沢温泉はさまざまな山菜の宝庫である。

野沢温泉の「麻釜」と呼ばれる源泉は、九〇度を超える高温であって、火傷の危険があり、地元の人しか許可されていないが、採れたてのワラビを茹でたり、温泉卵を作ったりしていた。まさに「豊かな自然に囲まれた湯源郷信州・野沢温泉」であった。

野沢のイワナ

22

2009年6月
「体育指導委員」と映画「釣りバカ日誌」

北海道根室管内には、根室市、羅臼町、標津町、中標津町、別海町があり、それぞれの市と町の「体指」と略称される「体育指導委員」が活動している。「体育指導委員」とは、一九六一年に制定された「スポーツ振興法」に基づく、日本では唯一の公的な社会体育指導者で、各市区町村の教育委員会が任命する二年任期の非常勤職員である。

その後、二〇〇〇年に策定された「スポーツ振興基本計画」に明記された「総合型地域スポーツクラブ」の創設に際して、中心的な役割を果たすことが期待されている。

二〇〇九年六月五日「根室管内体育指導委員協議会総会」が別海町で開催された。一年に一度、管内の体育指導委員が一堂に会し、情報交換や研修を通し、委員の資質向上に努めているという。この総会に合わせて「スポーツ講演会」が開催され「子どものときの運動が一生のからだをつくる」と題して九〇分間の講演をした。この種の講演会への参加者は、日ごろからだを動かすことを得意としていて、座学をあまり好まない傾向にあるが、とても熱心に聴講してくれたのには、少々驚いてしまった。

翌六日の午前十時から、発足当初から関わってきた中標津町の「総合型地域スポーツクラブ」である「NPOなかしべつスポーツアカデミー」の会員に向けて、ウォーキングの実技指導を行った。

参加者は六〇歳を超える人たちがほとんどであったが、まずスタティックストレッチングに加えて、歩きながら行ういろいろなダイナミックストレッチングのやり方を指導した。その後、標津川沿いのウッドチップを敷き詰めた遊歩道を、心拍数を上げるように歩幅を広げて歩き、心拍数が上がってきたら歩幅を狭くして歩くを繰り返しながら合計九〇分間のウォーキング指導を実施した。

終了後、町営のバーベキュー公園内で、味つけした羊の肉と野菜を鉄板の上で焼く、会員の親睦を兼ねた昼食会が開かれた。都会では味わえない野外での羊のやわらかい肉は、とても美味しかった。

ところでちょうど「釣りバカ日誌」という一九八八年から続くシリーズ映画の二〇編目となる最終作のロケが、六月一日から二週間の予定で、よく釣れた西別川上流で行われていた。このため、梅花藻が繁茂する綺麗な、よく釣れるポイントが荒らされるのではないかと心配していた。しかし、幸いにも今回もよく釣れた。あまり広くない滝壺ではあるが、数十匹は棲んでいると思われるほどで、四〇センチ近いアメマスと野生のニジマスが次々と釣れた。

滝壺での釣り

釣れた魚の内臓を取り出し、腹に味噌を詰め込み、川岸に生える野生のクレソンを臭い消しにくるんで持ち帰った。また、川辺に生えている背丈ほどの太いフキを採り、持ち帰って塩で灰汁抜きをした後、調理したが、やわらかくなっていて、美味しく食べることができた。

こんな自然がいつまでもなくならずにあってほしいと、願わずにはいられない気持ちである。

40センチ近いアメマス

野生のニジマス

大雪山系 遭難相次ぐ

トムラウシで8人

本州客 1人は意識不明

【新得、美瑛】16日午後、十勝管内新得町の大雪山系トムラウシ山（2141㍍）を登山中の本州の中高年を中心とする山岳ツアーパーティーが悪天候のため遭難、7人が山頂付近に取り残された。このうち、女性1人が意識不明、男女5人が衰弱状態。さらに下山途中の男性1人が動けなくなっている。上川管内の美瑛岳（2052㍍）でも本州からの登山パーティーが遭難し、女性1人の死亡が確認された。（関連記事35面）

道警などによると、トムラウシ山で遭難したパーティーは、東京の山岳ツアー会社「アミューズトラベル」が募集。参加者19人は、仙台、愛知、岐阜、岡山など道外7県の55歳から69歳までの男女15人と、案内役の同社ガイド多田学央さん(32)＝札幌市北区＝と道外の山岳ガイド3人。

一行は14日に上川管内東川町の旭岳温泉から入山。初日は道内最高峰の旭岳に登り、雲岳の避難小屋に泊。2日目は忠別岳経由で稜線近くのヒサゴ沼避難小屋に泊まり、16日はトムラウ

トムラウシ山から無事下山し、宿舎に向かう男女2人＝17日午前1時

美瑛

美瑛岳で遭難したのは、兵庫県などの男6人の登山パーテ

遭難の記事（北海道新聞より）

23

大雪山系の山岳遭難と白老川の「ヤマベ」

2009年7月

二〇〇九年七月十六日北海道大雪山系のトムラウシ山と美瑛岳を登山中の中高年一〇名が強風と雨の中を強行し、低体温症のため動けなくなり凍死した。生き残った人もいたのだから、死亡した人は装備が不十分であったたか、体力（歩行能力）が低かったためと想像される。いずれにせよ危険を事前に察知できず、山小屋を出発したことが問題だろう。

同じ日の午後千歳空港へ降り、十七時～十九時にかけてウヨロ川で、「ヤマベ」（本州ではヤマメ）を釣った。前日からの雨は大雪山系の方角へ抜け、雨は止んでいたが川は増水していた。年子と呼ばれる一〇センチぐらいの「ヤマベ」が釣れた。北海道では、この大きさの「ヤマベ」を釣り、空揚げにして食べるのだそうだ。そして、宿へ入り山岳パーティの遭難の報道をテレビで見た。

十七日朝は、増水していない「鮭・マス孵化場」のあるメップ川へ入り十一時まで小さい「ヤマベ」を二〇匹ぐらい釣った。帰りにちょっと大物を釣りたいと思い、孵化場の下流の深みで逃げ出したニジマスを狙

メップ川のやまべ

30センチぐらいのニジマス

う。狙い通り三〇センチぐらいのニジマスが釣れてきた。昼食後十二時～十五時まで、敷生《シキウ》川の幅広い瀬で一〇センチぐらいの「ヤマベ」を一〇匹ほど釣った。川の中の石の上を歩きながらの八時間の釣りであった。さすがに七〇歳を超えると疲れを感じたが、どうにか無事帰ることができた。

十八日は午後から雨ということで、朝六時から白老川へ出かけた。気温一五度、釣り始めると雨が降り出し、全身びしょぬれになってしまった。数十分もするとからだに震えがくるようになり「低体温症」という言葉が、頭をよぎるようになった。しかし、一匹は釣りたいと無理して、やっと一匹釣れた。この一匹釣りたいという欲が、遭難を呼ぶのではないかと反省し、一時間で切り上げることにした。

十九日、財団法人北海道体育協会主催の「北海道スポーツ指導者研修会」で「子どもの体力向上について」と題して講演した。一〇〇名ほどの熱心な参加者で遺伝的に見て誰でもがエリートスポーツ選手にはなれないが、生涯スポーツとして楽しめるだけの基本技能を身につけるように、子どもにスポーツ指導をすることの大切さを強調した。

ところで、札幌市で泊まったホテルの近くに「レインボークリフ」というスポーツクライミングジムがある。内部は、手や足を支えるボルダリングが壁から天井にまで配置されている。ここの主任指導者は高橋留智亜さんで、小柄ではあるが、エベレストを登った日本人女性としては四人目、さらに前人未到の一五〇〇メートルの絶壁を世界で初登頂したというベテランの登山家である。このジムでは小学校一年

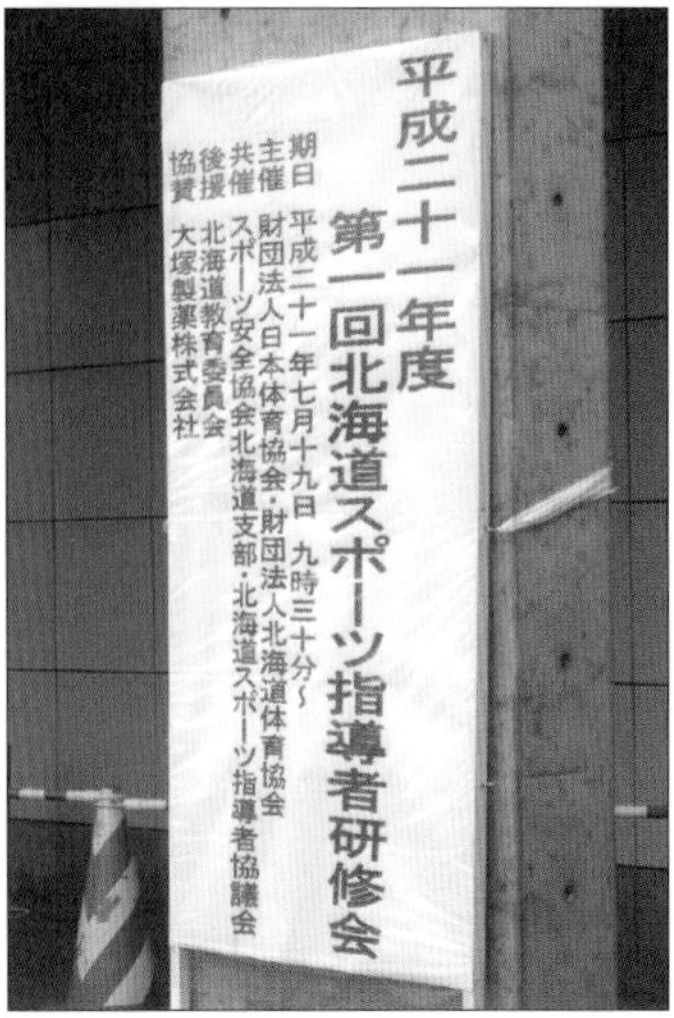

北海道スポーツ指導者研修会

生から指導が受けられ、会員は八〇〇名を超える。
「生きていることを実感し、人間ってすごいと感じさせてくれる。また登山中の厳しい環境が、ささやかなことを幸せに感じさせてくれ、自分は人に支えられて生き、そしていろいろな人がいて今の自分がいる」と気づかせてくれるのが登山の魅力と高橋さんは語っている。大雪山系で遭難した人たちは、登山にどんな魅力を感じていたのであろうか。

山岳事故に比べれば発生件数は少ないかもしれないが、渓流釣りも遭難事故が多い。岩からの転落死、増水に流されての溺死などである。体力ばかりではなく、危険を察知し、回避する能力が重要であることを実感し、そういった能力を子どもたちへどのように指導すべきであるのか、改めて対策を立てるべきであると思う。

「健康と音楽」プロジェクト

24 浜松の「ウナギ」と御前崎の釣り

2009年7月

二〇〇九年七月二日、土用の丑の日も近いとあって、贅沢とは思ったが浜松まで「ウナギ」を食べに新幹線に乗った。浜松へは一時間に一本「ひかり」が止まる。乗った列車は午前十一時三十三分着である。到着すると乗客のうちかなりの人が、蒲焼の匂いに引かれてか、駅前のうなぎ屋へと入って行く。

浜松市には、ヤマハ株式会社とヤマハ発動機株式会社の工場がある。ヤマハはピアノ、その他の楽器メーカーとして、ヤマハ発動機はモーター、オートバイなどのメーカーとして、それぞれ有名である。

ヤマハは、数年前から「音楽と健康」というプロジェクトを立ち上げた。四〇分間ほど、発声練習と歌いながら手足を動かすことで、成人の健康保持に役立つようにというプロジェクトである。脳もはたらかせるので、とても良い企画であると応援してきた。実際、普段あまり使わない顔面の筋肉を思い切ってはたらかせて、いろいろな発声をする、あるいは汗をかかない程度に歌いながら手と足を動かすのに参加者はとても満足するようで、現在では

世界初の展示会場内の仮設競泳用五〇メートルプール

全国に一〇〇〇名を超える会員がいるという。

一方、ヤマハ発動機は、FRPを使ってプールを造るプール事業部がある。この事業部は、福岡市で開催された「世界水泳競技選手権大会」において、大きな展示会場内に仮設の水温調節ができる競泳用五〇メートルプールを、テニス場のセンターコートに仮設の水球用プールを、それぞれ設置した。これは世界で初めての試みであり、関係者の注目を集めた。

この「プール事業部」は「ヤマハスポーツ文化フォーラム」を毎年全国数カ所で開催してきた。水泳・水中運動はマタニティースイミング、ベビースイミング、エイジグループスイミング、マスターズスイミング、アクアウォーキングなどの健康志向のスポーツとして、また競泳、水球、シンクロナイズドスイミング、オープンウオータースイミングなど競技志向のスポーツとして、実に幅広く普及している。

したがって「ヤマハスポーツ文化フォーラム」は、話題が尽きることなく、会場によって参加者には多少違いがあるが、合計では毎年五〇〇名以上の人たちが集まり盛況となってきた。しかし、二〇〇九年は不況のあおりで、残念ながら取り止めとなってしまった。来年には是非、復活してもらいたいと願っている。

ところで昔、台風情報をラジオで聴くと、必ず引き合いに出される地名が「御前崎」であった。この機会に行ってみようと思い立った。

掛川駅からバスで原子力発電所で有名な浜岡営業所まで一時間、そこから友人の車の出迎えがあって、さらに一五分ほどで、御前崎に辿り着いた。遠州灘の波は高く、たくさんのサーファーが挑戦していた。岬の先端にある御前崎灯台の前は、浅瀬が沖まで広がっていて、江戸時代からたくさんの船が座礁し、難破したという。岬の反対側は駿河湾に面していて富士山が見える。そこには、御前崎漁港があり釣りができる。平日の夕方とあって老人たちが釣りを楽しんでいたが、あまり釣れていなかった。

翌日の朝五時に漁港へ釣りに行き、エビを餌に一時間ほど経ってやっとかかってきた。海タナゴだろうか、引きは強かった。あまり釣れなかったけれど、久しぶりに潮風に当たりながら、二時間ほど釣りを楽しむことができた。

御前崎の魚

25

2009年9月

NHK「すこやか長寿」公開録画と松前半島の釣り

第一〇回ふくしま健康フェスティバル

社会福祉法人「NHK厚生文化事業団」が地方自治体と共同して、高齢者向けの健康番組を制作しており、私も数年前から毎年一回出演してきた。公開録画であって、地元の高齢者を交え、また数百名の聴衆者と一緒に、健康づくりに役立つ情報をまとめ、三〇分間の番組として全国へ放映するという企画である。

私に与えられた内容は「フィットネスダンス」である。高齢者に馴染みのある民謡、流行歌、童謡に合わせて、経験のある指導者が踊りやすく振り付けしたダンスである。二〇〇九年九月六日に、北海道松前半島にある福島町の「第一〇回ふくしま健康フェスティバル」の開催に合わせて行われた。

収録日の前に時間が取れたので、橋本聖子選手を育成したスピードスケートの指導者として名高い塚本博文さんの案内で、道南のいくつかの渓流で釣りをした。対象魚は、一〇センチ前後の新子と呼ばれる秋の一年魚、小さいヤマベ（本州ではヤマメ）である。

函館から五〇キロぐらい北にある八雲町から野田追《ノダオイ》川、そしてそ

熊注意の標識

のやや北にある遊楽部《ユーラップ》川を釣る。道南は熊が多いので注意するようにと、釣り案内の本に書いてある。そして、道端には熊注意の標識がいたるところに立っている。確かに川筋には、熊の新しい糞があちこちで見られた。鈴を鳴らし、爆竹を鳴らし、川へ入る。川の石は綺麗で、水は澄み、瀬があちこちにあって、そこを流すとヤマベが釣れてくる。

峠を越えると日本海に面した江差町である。ニシン漁盛んなころの町並みが復元されていた。江差町のやや南にある「上の国」という町が北海道発祥の地で、国道五号線はここが出発点で、函館を通って北へ向かっているという。

そこから、ＪＲ江差線に沿って峠を越えて木古内町へ入り、知内《シリウチ》町へ着く。知内川の中流に、知内温泉がある。開湯八〇〇年という秘湯である。鎌倉時代に砂金が採れたので、倭人が入り込んで見つけたのだという。

どこの川でも、二時間ほどで二〇~三〇匹が釣れ、たまに「黒子」といわれる腹に白子を持つ雄のヤマベが釣れる。二年もので二〇センチを超え、確かに黒ずんで見える。

収録の済んだ七日の早朝、函館市街から四〇分ぐらいで行ける大野川で釣る。小雨で、コンディションは最高である。ここでは二〇~三〇センチのイワナが八匹釣れたが、リリースする。やや深い所で、二八センチくらいの「黒子」が二匹釣れ、新子とは違った強い引きに満足した。

どの川でも、誰が行っても釣れるものではなさそうで、経験を積んだ塚本さんのガイドの賜物と感謝し、昼の便で帰京した。

ヤマメの新子

20センチを超えたヤマメ

アンタリアの古代遺跡

26

2009年11月

「国際市民スポーツ連盟」役員会とトルコのアンタリアでの海釣り

これまで何度か紹介してきたが、勝ち負けや記録を争わないスポーツの国際大会、ＩＶＶオリンピアードを二〇〇九年五月に富士山・富士五湖で開催した。二〇〇八年後半からの経済不況、二〇〇九年初めからの新型インフルエンザの流行で開催が危ぶまれたが、一万名近い人が登録し、成功裡に終了した。

次回はトルコの地中海に面するリゾート地、アンタリアで二〇一一年十月に行われることが決まっている。このアンタリアにおいて、大会の主催者である国際市民スポーツ連盟の役員会が開催された。

二〇〇九年十一月八日に成田からトルコ航空の直行便で、約一二時間三〇分イスタンブールへ。そこで乗り換えて現地時間の九日未明にアンタリアへ到着した。アンタリアは人口一〇〇万人を超える大都市である。早朝からコーランを読み上げる声が数回響き、イスラム社会であることを感じさせる。

九日の昼間は役員会で連盟の抱える問題を審議し、夜は市長招待の晩

小イワシをくれた地元の漁師

餐会が行われた。十日はアンタリアの東寄りの古代遺跡の残る景勝地へ日帰り旅行。十一日は一二回ＩＶＶオリンピアード組織委員会結成式が、五階建ての市庁舎で行われ、多数のメディアの取材があり盛大であった。十二日は組織員会の準備状況の報告を受け、会長、副会長から種々の注文があり大筋で了承された。十三日はアンタリアから南西寄りの渓谷を歩く、恒例の会長ウォークが行われた。

海岸沿いに建つホテルのバルコニーから眺めると、まだ暗い午前五時三〇分ぐらいから釣りをしている姿が見える。明るくなり始めた午前六時過ぎに出かけてみると、ルアーで海面を群がって移動する回遊魚を狙っているが、ほとんどかかってこないようであった。

私は川が海へ流れ込む所へ、持参したアサリの水煮を餌に二〇メートルぐらい沖へ投げ込み、何度かゆっくり引き寄せてみたが、まったく当たりがなかった。いったんホテルへ戻り朝食を摂り、午前中になんとか釣りたいと三〇分歩いて漁港へ出かけた。

漁船の上で漁師が、指先で小イワシの頭をちぎり内臓を取り出していた。眺めていると、どこから来たのかと聞かれ日本からだと答えると、この沖で捕れる三〇〇キロのマグロを出荷しているという。そして、きれいだから食べろと小イワシをくれた。新鮮でうまいので五匹ほど食べてしまった。

そこで、ここで釣っても良いかと尋ねると、良いが小物しか釣れないという。延べ竿に浮き下二メートルぐらいに垂らして待っていると、一五センチぐらいのハゼに似た魚が釣れてきた。またしばらくすると、玉浮きが水面下へ潜っていった。釣り上げてみると手の平サイズの鯛のような魚が釣れてきた。約一時間ほどで雨が降り出し、

鯛に似た魚

ハゼに似た魚

引き上げることにしたが、とにかく地中海の魚を釣ることができた。
四日間天候に恵まれ、地中海の水平線から昇る太陽を眺めながらの散歩と、釣りを楽しむことができた。十一月中旬ではあったが、ハイビスカスやブーゲンビリアの花が咲き、沖縄のような気候である。そして、昼近くなると浜辺に出て日光浴や海水浴をする人が目につくようになる。
海水は二五度ぐらいか、やや冷たいが、ゴーグルをつけて潜り海底を見ると小石と砂利ばかりで、魚の姿はほとんど見られなかった。次の機会には、違った仕掛けを持参すべきと反省した。

会長ウォーク

スポーツパレスジスタス

27

肥満の島、短命の島沖縄と海の釣り

2010年5月

昔は、健康長寿の島として有名であった沖縄は、平均寿命は全国一から転落し、医療費の多い島となってしまった。その背景として指摘されてきたのが、日本最大のアメリカ軍キャンプがあり、アメリカ文化が島民の間に広がったことである。たとえば食文化のアメリカ化である。輸入関税が低く抑えられ牛肉の摂取量が増えたことと、脂肪の多いフライドチキン、フライドポテト、ポップコーン、ポテトチップスなどが、今では成人となった子どもたちに好かれたことである。もうひとつは、鉄道がなかったため自家用車が普及し、歩く人が少なくなったことがあげられる。

ところで、フィットネスクラブが人気を呼んだ高度経済成長期には、沖縄でもいくつか誕生した。しかし、経済成長の鈍化とともに衰退したようである。中でも、那覇市にある高級フィットネスクラブは赤字が累積し経営困難に陥った。そこで、フィットネスクラブ経営において関東地方で実績のある古田和男氏が、再建に乗り出した。古田氏は内部の改

赤ジンミーバエ

オオマチ（青チビキ）

装とともに、利用者の幅を広げる努力をし、数年も経たないうちに立ち直らせたのである。その評判を聞いて、浦添市にある県の運動施設の管理・運営をまかされた。さらに、沖縄市では新規のフィットネスクラブの運営をまかされ、そこでは韓国式の蒸し風呂「チムジルバン」をわが国で初めて設置することによって、多くの島民の注目を集めた。これら三カ所の「スポーツパレス・ジスタス」の共通利用券が発行されていて、会員は好きなときに、違ったところの施設を利用できるようになっている。

そもそも沖縄は競技スポーツの盛んなところであって、野球、ゴルフ、ボクシングなど日本を代表する選手を輩出してきた。しかし、冒頭で述べたように、普通の人たちは運動不足で肥満になりがちなのである。その沖縄の人たちが、健康保持には運動実践が不可欠であることを実感し始めたのには、古田氏の努力も一役買ったのではないかと思われるのである。

沖縄にはこれまで何度も訪問し、首里城の下にある池で背ビレの鋭いティラピアを、海では県魚といわれるグルクンを釣ったことがあった。今回は近海での大物釣りに挑戦した。

まず、水深三〇～四〇メートルの底付近でオキアミとサビキでグルクンを釣り、生餌にする。釣れたグルクンを二本針につけ、海底近くで泳がせる。その間潮の上に当たるところでは、撒き餌となるようにオキアミをつけ、グルクンを釣り続ける。一時間ほどして、竿先が動く。グルクンが逃げ、根魚が追いかけ始めた兆しである。そして、竿先が絞り込まれる。数分間のやり取り後、釣れてきたのは八〇センチぐらいの「オオマチ」（本州では青チビキというらしい）であった。

しばらくして、またヒットしたのは、キロ五〇〇〇円はするという沖縄の高級魚「赤ジンミーバエ」であった。魚市場で二万円以上はするという鮮やかな橙色の大きな魚であった。

その後、グルクンを針につけて回遊魚を狙い海面を流していると、「ツムブリ」という一メートル近い引きの強い魚が釣れた。

回遊魚の強い引き

1メートル近いツムブリ

茶路川での挑戦

28 茶路川のアメマス

2009年10月10日

いわゆるエゾイワナが海に下って大きくなり、川に戻ってくるアメマスは体長が八〇センチを超える。この大物アメマス釣りが人気を呼び始め、大会まで開かれるとのこと。二〇〇九年十月に阿寒湖畔のホテル「鶴雅」に泊まって、釣り好きの支配人と釧路空港に近い茶路川へ出かけた。川幅の広い曲がりくねった川だ。海から川沿いに上がって行くとポイントになる。

五メートルの振り出し竿に一号の道糸、八号針、〇・八号のハリスに大きなミミズを餌に投げ込んだ。上流から餌を流れにまかせる。何回かすると目印が動かなくなり、竿を立てると強い引き。今までにない強い引きで、竿の曲がりにまかせるように耐える。そこから急に動き出し、下流へと引っ張られた。二〇分ほど頑張ったが最後はハリスを食いちぎられた。その後、三回魚とのやり取りを繰り返した。一回に二〇分ぐらい、腰をかがめて竿を立て、堪えたが最後は切られたのである。

そこで、道糸を一・二号にし、ハリスを一号に変えて挑戦した。二〇分ほどのやり取りの末、岸に引き上げることができた。八〇センチ近い丸々と太ったアメマスだった。

釣り上げた大物

第Ⅲ部

75歳からのフィッシング

――日本市民スポーツ連盟名誉会長のウォーキング日記より

1 北海道の釣り

2012年6月16日

「すこやか長寿」のテレビ録画撮り

チャンネル「NHK教育」で放映される「ハートTV・すこやか長寿」という番組の公開収録が、網走郡津別町で、二〇一二年六月十六日に行われた。この番組は、今年で一五年を迎える。毎年全国一〇カ所の自治体の協力を得て、NHKとNHK厚生文化事業団によって制作されている。（第Ⅱ部25参照）

私が出演した津別町では副題が「チータとダンスで健康づくり」である。「チータ」こと水前寺清子さんは大ヒットした「三百六十五歩のマーチ」を歌うことで、日本ウオーキング協会とは縁が深く、以前から理事に就任いただいている。「ダンスで健康づくり」とあるように、「三百六十五歩のマーチ」の歌に合わせて、からだを動かして高齢者の健康づくりに役立てようという意図である。

水前寺清子さんと六名の地元の高齢者がモデルになって、ステージで歌いながらウォーキングを主体としたいろいろな動きを組み合わせたダンスをした。三〇〇名を超える観衆の皆さんと、一体となってうまく収録されたと思う。

津別町はスポーツの盛んなところで、体育館、室内温水プール、芝生のサッカー場、ラグビー用グラウンド四面、広大な芝生の高齢者に人気の高い五四ホールのパー

大きなニジマスが釣れた

クゴルフ場がある。私もこれまで、津別町でウォーキングや水泳の指導をしたが、今ではたくさんの人たちが朝晩ウォーキングを実践するようになったと聞いて喜んでいる。

ところで、ツベツはアイヌ語の「山の出ばなを通って流れる川」から名付けられたといわれていて、網走川、その支流の津別川が町内を流れている。これらの川には、エゾイワナ、ニジマス、ヤマベ、オショロコマ、それに大きな降海型のサクラマスやアメマスが棲んでいる。せっかく訪れたので、収録前日に釣りをした。森の中の渓流を釣り上がる脚力が、日ごろの歩く習慣によって保持されていることを確認できた。そして、幸いにも四〇センチを超えるエゾイワナやニジマスが釣れて感激した。

2

北海道の釣り

2014年5月15日

毎日労働しているのになぜ運動なのか？

摩周湖の外輪山のひとつ西別岳から根室海峡へと流れ込む西別川は、毎年釣りに行く渓流である。もちろん中標津町などの道東の町に住む人たちへウォーキングとスイミングの指導を兼ねて行く。根室中標津空港を降りると、牧場と牧草地が広がっていて、まさに北海道の「大地」と呼ばれるのが実感できる。空港が近いせいで、中標津町にはさまざまな企業の人たちが訪れ、人口が増えている元気な町だ。

「健康にはやっぱり筋肉が大切」と題した話をした。よく運動してタンパク質を充分食べることが、健康長寿の基本という内容である。

話し終わって「毎日労働しているのに、なぜ運動しなければならないの？」という、なるほどと思う質問を受けた。「仕事としてからだを動かすときは、一日中働けるようにいろいろな筋肉を上手に活動させている。これでは心臓をドキドキさせる強さにはなっていない。からだにはノルディックウォークのような全身の筋肉をはたらかせ、代謝を三〇分間ほど盛んにすることが必要である。だからこれをエクササイズウォーキングといい、「運動のために歩くという」と答えた。

その後、ストックを持って歩く練習をした。ストックを持った手と同じ側の足を一緒に前へ動かしていたのが、二〇分ほどでしっかりストックをついて大股で歩けるようになった。皆さんとてもうれしそうだった。

前日は、とても寒い日で水温も六度、残念だが釣果は上がらなかった。

使う人が増えたノルディックウォーク

3
北海道の釣り

2015年10月15日

「スポーツ安全協会」

公益財団法人スポーツ安全協会の都道府県支部職員（ほとんどが都道府県体育協会の職員を兼ねている）の総会が、紅葉真っ盛りの知床半島鵜瀞《ウトロ》で開催された。スポーツ安全協会は、スポーツに参加する人たちが遭遇する事故に保険金を支払う仲介をしている。東京海上日動火災保険会社が中心となっている。競技スポーツ選手以外にも、運動会、体育の授業などに参加する生徒、児童、さらに私が関連してきたマスターズ水泳大会に参加するスイマー、さまざまなウォーキング大会に参加するウォーカーなどもすべて加入している。

特別講演を依頼され、演題は「釣りとスポーツ」だった。どんな内容にすれば満足してもらえるのか悩んだが「マナーとルール、そして職業と趣味」を副題に加えて、各スライドには私が釣りをした写真を背景に入れ、そのときの様子を紹介しながら話を進めた。釣りでは職業としている人（フィッシャーマン）と、趣味としている人（アングラー）に関わるマナーとルールについて話した。特に、最近話題となっている「ライフ・ワーク・バランス」での、趣味を

道東の森に残る巨木

持つことの重要性を強調した。

　全国から参加された皆さんは、会議の合間に黄色や茶色に染まった知床半島の風景に満足し、横断道路の峠から海を挟んで北方領土「国後島」を間近に眺め、複雑な思いをしたことだろう。私は釣り三昧だったが、透きとおった川の中を歩くと、七〇～八〇センチの鮭が足にぶつかってくるという初めての経験をした。流れから外れた滝壺では、丸々と太ったオショロコマやエゾイワナが釣れてきた。腹を割いてみると、胃袋には鮭の卵（イクラ）がいっぱいだった。

　川沿いの森の中に大木があって、両腕を広げて周囲を測ってみた。初めての秋の北海道「道東の自然」を堪能した三日間だった。

大きなイワナ

野天風呂

4

北海道の釣り

2017年7月12日

道東の釣り

二〇年近く北海道で釣りを楽しんできた。毎年、北海道各地で健康指導をしている五十公野さんの仕事に合わせて、行くことにしてきた。昨年は都合が合わず実行できなかった。八〇歳を超えたので、今年が最後になるかもしれない。教え子の信州で温泉ホテルを経営している釣り好きの齋藤さんを誘った。

女満別空港で落ち合い、まずサクラマス（釣ってはいけない魚）がたくさん上るので有名な斜里川へ入った。サクラマスには出会えなかったが、まあまあの釣果だった。その後、裏摩周と呼ばれる展望台に立ち寄り、根室海峡へ注ぐ西別川の上流へ行った。水に揺られる梅花藻が流れる渓流を五〇メートルほど釣り下がり、直径五メートルにも満たない滝壺へ出る。大げさにいえば、日本一たくさん天然の魚が棲む所だ。期待通り二五～三〇センチのヤマメ、ニジマス、イワナ、オショロコマが次々と釣れた。およそ六〇分で三〇匹を超えたので満足、引き上げることにした。標津の温泉があるビジネスホテルで宿泊。「北海道でしか食べられないものを用意しておいて」と頼んであった居酒屋で夕食を摂った。海の幸はもちろん、美味しく調理された熊や鹿の肉、山菜の料理だった。

釣れた魚

風呂から釣る

次の日は、渓流釣りと熊が出没するので有名な忠類川へ入った。熊が怖いので河口に近い川幅の広いところで釣り、ヤマメが数匹かかった。右手に北方四島を眺めながら、さらに北上して名前の知らない川へ入った。堰堤があり、鮭が遡上する魚道のある人工の深みでも入れ食いだった。

川釣りに飽きたので、羅臼漁港で海釣りをした。カレイが釣れるということだったが、その他のいろいろな小魚も釣れて楽しむことができた。

三日目は午後の便で帰京なので本格的な釣りは止め、秘湯として有名な養老牛温泉近くの「からまつの湯」へ行った。温泉につかりながら、傍を流れる小川でも釣れる。斎藤さんは初めての経験で大喜びだった。帰路、斜里川の上流にある「サクラの滝」へ寄ったが、たくさんのサクラマスが次々と跳躍して滝を遡上する姿は、やはり感動する（第Ⅱ部6参照）。

全行程三〇〇〇キロ、北海道は広いという実感と、魚が依然として豊富にいるのには満足した。ただ一度足を滑らせ転んでしまった。幸いケガはなかったが体力のことを考えると、もう来ることはできないかもと寂しい気持ちになった。

音更川

5

北海道の釣り

帯広での釣り

2019年6月6日

毎年北海道で釣りを楽しんできたが、昨年はできなかった。すでに八〇歳を超えたので、これから末永く釣りに行けるという保証はない。そこで今年こそはと、思い切って早々と二月ごろ釣行の日程を立てた。友人の五十公野さんが、仕事の都合をつけて案内を引き受けてくれた。

早朝東京を飛び立って、七時五十分に千歳空港へ。車で日高山脈を越えて東へ向かい、二時間ほどで帯広市へ着いた。NHKの評判となった朝ドラ「なつぞら」で映し出される、牧場が広がる景色を思い起こさせる十勝川の支流「音更川」へ入渓した。大きな堰の下からやや深くなっている流れへ餌を入れると、すぐさま大きな当たり。魚は左へ右へと泳ぎまわる。逃がすまいと、慎重に足元の砂利へ釣り上げた。三〇センチを超える丸々と太った綺麗なニジマスだった。その周辺の流れに餌を入れると、二〇〜二五センチのニジマスが次々と釣れた。そして、少し下がって餌を入れると強い引きで竿先が伸ばされ、対応する間もなく糸を切られてしまった。四〇センチは超えていただろうか「逃がした魚は大きい」を実感した。

釣れたニジマス

翌日は、午前中は十勝川の別の支流「然別川」へ、午後は「佐幌川」へと一日中釣った。釣果はオショロコマ一匹を除いて、すべて天然に育ったニジマスだった。合計三〇匹を超え大満足。そして、北海道の川をまだまだ釣り歩けるという自信がついた。釣れた魚の内臓をきれいに取り、味噌を詰めて板氷とともに箱に入れて、家族が食べられるようにと、宅急便で自宅へ送った

渓流釣りは、歩けなくなればできない。これからも釣りを楽しむためにと目標を定め、日ごろから歩くつもりになった。

6

山形県鶴岡市での釣り

2014年6月15日

「湯野浜ノルディックウォーク」

ＪＲグループと地元自治体、民間事業者とが連携して集中的に山形県観光を全国的に宣伝する山形ＤＣ（デスティネーションキャンペーン）が、六月十四日に始まった。十四日の夜から羽黒山にある国宝の五重塔がライトアップされたと報道されていた。この「山形ＤＣ」に合わせて第一六回の「国際ノルディックウォーク・in 湯野浜」が、雄大な夕日、美しい砂丘、新緑まぶしい松林をキーワードに開催された。十四時から一〇キロまたは五キロを歩き、終わってから「浜なべ」交流会が行われる。十九時からは希望者に「ライトアップされた五重塔への見物ツアー」というサービスが提供された。

ところで、過疎化が進む合併前の鶴岡市の旧町村には、たくさんの高齢者が生活している。高齢者の健康問題は待ったなしである。地域ごとに定期的にノルディックウォークを実践するように、高齢者に働きかける公認指導員を養成しようと、大会を機会に企画した。全国に先駆けて、ウォーキング、ノルディックウォークを市民に広め、発信してきた鶴岡市が真にノルディックウォーク発祥の地として、全国に誇れるようになることを期待している。

今年の釣果があまり良くなかったので、大会前日に緑が深くなった秘境大鳥川へ出かけ、イワナ一〇匹を釣り上げることができた。

釣れたイワナとヤマメ

園児たちの酒樽叩き

7

山形県鶴岡市での釣り

2015年9月18日

里山歩き2015

都市部に住む人たちに、自然と人とが共生する「里山」を歩こうと呼びかけたのは一九年ほど前である。農業や林業に従事する人たちが、日ごろ歩いている道を歩こうというのである。自然は残っているし、事故があっても救助しやすい「山歩き」である。加えて歩いた後、温泉に入り疲れを癒すことができるところが望ましいと提案した。全国で四市町村が始めた。そのひとつ鶴岡市の第一八回「里山あるき」が行われた。初めのころは温泉のある湯野浜が出発地だったが、現在は酒造りで有名な大山に変更されている。

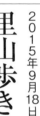

このイベントでは、地元の保育園児が酒樽を叩いて、ウォーカーを励ますのである。毎年のことなので、年々は振り付けも複雑になっているが、一年がかりで練習し、楽しく演奏してウォーカーを元気づける。また、大山地区の婦人たちが「かき氷」や「豚汁」を用意してくれる。疲れたウォーカーにはうれしい「おもてなし」だ。

鶴岡市は全国でもっともウォーキングが盛んな市である。年間、市民のためのウォーキングイベントが二五回開催され、すべてに参加、完歩した人に「鶴岡マスターウォーカー賞」が授与される。今年は四名の人が表彰された。

ところで、学童疎開で滞在した湯野浜へ、前日の午後出かけた。あっという間の七〇年だったが、岩場から懐かしい鳥海山を眺め満足した。小さい魚だったが、マダイ、メジナ、ベラ、カワハギ、メバル、アジに嫌われもののフグと七種類の魚がよく釣れ、料理屋で空揚げにしてもらい、美味しくいただいた。

釣れた小魚

ヤマメと大きなイワナ

8

山形県鶴岡市での釣り

2016年6月24日

久しぶりの釣り

趣味というものは、何歳になっても衝動的にしたくなるものらしい。高齢になると、足元がおぼつかなくなるので、手助けをしてくれる人がいないと釣りはできない。五〇年近く続けてきた釣りがどうしてもしたくなって、案内してくれる人がいる山形県の鶴岡市へ行った。もちろん、市民が安全に気持ちよくウォーキングを実践できるルートを確かめるという目的も兼ねている。

六月、梅雨の止み間の午後、庄内浜での海釣りをした。情けないことだが岩場で滑って転落しないようにと、両手を着きながら先端へ行く。鯛が産卵のため岸に寄って来ているとの期待を持って、小さなカニを餌に竿を投げ込む。見えにくい浮きがやや沈むが、大きく引っ張り込まない。何回やっても同じ。おそらく小さなフグがたかって、食いついているのだろう。四時間ぐらい粘って釣果なしで諦めた。

翌日、曇り空のもと大山川へ出かけた。岸には草が身の丈ほどに伸び、近寄りがたいほどだった。そこで、所々竿が出せる所を探し、流れに餌を入れると一八センチぐらいの丸々と太ったヤマメが釣れてきた。五～六匹釣れたので、場所を移動する。流れのそばに葦が生えている浅瀬に餌を入れると、これまで以上の強い引き。数分粘って、釣り上げると二八センチ近いイワナだった。さらにやや下がったところでは、さらに強い引き。竿が満月のようにしなり、魚は川を上下する。逃がさないようにと、土手の上を小走りに、上ったり下ったりしなければならない。数分経ったので思い切って釣り上げた。生涯で一回か二回しか釣ったことのない三七〜三八センチの大イワナだった。

その後、市民登山のルートを登り詰める。数年前までは、田圃や畑であったところは放置されて、荒れ果てていた。過疎に悩む山村の状況を身近に感じた釣行だった。

9 山形県鶴岡市での釣り

2016年11月30日

黒鯛

平成四年から、山形県鶴岡市の市民のスポーツ振興事業を毎年手伝ってきた。鶴岡市は、西は日本海、東は月山に挟まれた庄内平野にある。趣味の釣りには絶好の場所である。春から夏にかけては渓流でのイワナ釣り、秋から冬は日本海の磯釣りに、寸暇を惜しんで訪問するたびに挑戦してきた。得意とする渓流釣りは、いくつもの山々から流れ出る沢に入り、釣果がないということはなかった。ところが、磯釣りは釣りの技術に加えて、季節、天候などが釣果を左右する。何度も挑戦したが、小魚ばかりだった。

十一月の午後、日本海の低気圧の影響で波が荒く、港の中での釣りとなった。コマセを撒いて、竿を出したが当たりがない。三時間、冷たい潮風の中で次第にからだが冷え切ってきた。置いておいた竿が急にたわみ、二〇センチをやや超える黒鯛が上がってきた。釣ったというより、釣れてきたという感じだった。初めての黒鯛、料理屋で塩焼きにして、美味しくいただいた。渓流釣りは岩から転落する、磯釣りは波にさらわれるという危険がある。これからあと何歳まで続けられるのか、気になり始めた。

海岸で釣る

黒鯛の塩焼き

釣れたホッケ

スキー場のゲレンデを下る

10
山形県鶴岡市での釣り
2018年3月17日
かんじき雪上ウォーク

山形県鶴岡市の「てくてく健康ウォーク」は年間二五回開催され、そのうち雪深い冬季に二回「雪上ウォーク」が行われる。深い積雪のためスキー場のリフトが動かなくなり休業するほど、今年は雪が多かったという。朝九時から準備体操をして、諸注意があった後、リフトで標高五五〇メートルから七〇〇メートルまで上がる。そこで「かんじき」を履き、前日降った一〇センチぐらいの新雪の上を、途中で休憩を二回取りながら標高八〇〇メートルまで登った。そこは晴れていればビューポイントのはずだったが、曇りで日本海までは見通せなかった。下りはスキー場の横を通っていく。約二時間三〇分間歩き通せたので、われながら満足した。雪上を歩いたことのないたくさんのウォーカーたちに純白の雪原、枝に雪を載せたブナ林の中を歩くすばらしさを、是非体験してみることを勧めたい。清新とはこういうことのように思えるだろう。雪上ウォークの前日、強風の中を漁港の堤防を風避けにして、釣りに挑戦した。趣味とはいえ、三時間ほどでからだが芯から冷え切って止めることにした。やっと釣れた三〇センチぐらいのホッケ一匹を宿に持ち帰って塩焼きにしてもらい、コリコリした白身を美味しくいただいた。

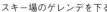

11

山形県鶴岡市での釣り

里山あるき２０１８

２０１８年９月15日

二〇年以上前に、山間にある温泉場を起点として、農道や林道を周回する「里山あるき」を楽しもうと呼びかけた。人の住む気配が感じられ、しかも自然に触れ合えることができ、歩き終わったら温泉でゆっくりくつろげるウォーキングイベントである。当初、青森県、山形県、長野県、岐阜県などで行われるようになったが、さまざまな事情からか、現在も続けているのは山形県鶴岡市だけである。

第二一回となる「みんなと歩こう！　里山あるき二〇一八」が、九月に開催された。初日は、五〇〇名近い参加者の前で、大山の幼稚園児たちが酒樽を叩く、恒例の激励演奏が行われた。二〇キロ、八キロ、四キロに分かれて、野鳥が観察できるラムサール条約登録地の下池、上池を巡り、熊が生息するという高館山自然保養林の中の山道を歩いた。十二時三十分にはフィニッシュでき、用意された豚汁で昼食を楽しむことができた。

夕方まで時間があったので、行くたびに不漁続きの海釣りに挑戦。防波堤から鯛などの小魚が一〇匹ほど釣れて満足した。

漁港の防波堤から釣れた小魚

12

山形県鶴岡市での釣り

2019年9月22日

初秋の庄内平野

山形県鶴岡市で、二年ぶりに渓流釣りを楽しんだ。庄内平野から温海温泉へ向かう山間の道を行くと、大杁川という幅七メートルぐらいの渓流がある。以前にも釣れた所でもある。土手の上から竿を出すと、いきなり一八センチぐらいのヤマメが釣れてきた。幸先の良いことで、周辺で三匹釣り、さらに上へ移った。熊出没の目撃情報がある所だが、二人づれなので深い山へ入ることができる。堰堤のある深みで、二五センチを筆頭に五匹を釣って引き上げた。夕食にホテルで塩焼きにしてもらい、しばらくぶりに美味しくいただくことができた。

イワナの塩焼き

翌九月二十二日は「みんなで歩こう！　里山あるき」に参加した。事前申し込みが四一六名である。そのうち地元の人たちからの働きかけがあって、一八五名の小学生、中学生が八キロに挑戦した。子どもの参加が定着してきたのは、将来が楽しみで喜ばしいことである。また驚いたのは、二五一名の成人のうち、九州から北海道までの山形県を除く三〇都道府県からの参加者があったことである。大会開催が二〇回を超え、ローカルな大会から全国規模に成長したのである。

主会場となった大山地区には日本酒の蔵元が三つあって、酒樽太鼓と称して幼い子どもたちに酒樽叩きを勧めている。恒例となっていて、おそろいの鉢巻きとユニホームの保育園児たち四〇名の合奏で、スタートを盛り上げてくれた。

二〇キロが先にスタートし、続いて、大山の蓮が一面に広がる上池、下池を回る八キロが出発する。坂道を上ったり下ったりで合計一万三〇〇〇歩、約二時間のウォーキングだった。フィニッシュして体育館の床に車座になって、ダダチャ豆入りのおにぎりと豚汁の昼食を摂る。午後は宿の湯野浜温泉近くにある加茂漁港の堤防から、魚釣りを楽しんだ。

山伏の法螺貝の合図

二十三日は、「羽黒山修験のみち」を歩いた。二日目も全国からの参加者がこれまでになく多い大会だった。羽黒山の山伏の「法螺貝」を合図に、国宝の五重塔を見て、二四六六段の石段を昇る。頂上にある「出羽三山神社」の「三神合祭殿」を詣でて、羽黒名物の「玉こんにゃく」のおもてなしで休憩となる。

今年は熊の出没が目立ち、注意を呼びかけていた。また、スズメバチの攻撃に、慌てず静かに対応するようにとの注意もあった。スポーツ課の職員、スポーツ推進員、「健康スポーツクラブ」会員が一体となって、きめ細かな計画のもとに行われ、全国からのウォーカーも楽しんでいた。

ボートの上から釣る

13

日光・奥鬼怒川釣行
2014年8月2日

知人から栃木県奥鬼怒川にある川俣ダム湖の畔に、空き家となった別荘を購入したので、釣りに来ませんかと誘われた。しばらく釣りに行っていなかったので、真夏で釣果は期待できないが、初めての川なので、とにかく出かけた。

案内してくれた人は、お土産用の「お饅頭」を製造、販売しているご主人で、釣り用のモーターボート三艘を所有している釣り好きだ。二日昼ごろ到着したが、雷を伴って雨が降り出したので夕方まで待つことに。夕方になり船で鬼怒川がダム湖へ入り込む場所へ行った。初めての経験だったが撒き餌に「サバ缶」の中身を使った。流れ込みが岸壁に突き当たり、深くなった所へおもりをつけた仕掛けを放り込んで待つ。一〇分ぐらいで竿先が大きく曲がり、数分間のやり取りの後、四二センチのニジマスを釣り上げた。しかし、その後は川からの水が濁り、まったく釣れずに帰り、釣りたてのニジマスを塩焼きにしてビールで乾杯した。

二日目は朝六時に出て、鬼怒川へ注ぎ込む湯沢という渓谷に入った。歩くこと七〇〇メートルで第一の堰堤がありそこから釣り始めた。いつもは澄んだ水が流れているそうだが、昨日の雨のせいかやや濁っていた。二つ目のポイントで一八センチのヤマメが釣れた。その後は、二匹しか釣れなかった。

渓谷はかなり急で、大きな石や岩を乗り越えて行かなければならない。手を使って確かめながら登っていたのだが、つかんだ岩が割れて水の中へ落ちてしまった。手、腕、背中、足などに擦過傷を負ったが、幸い大ケガをしなくて済んだ。その後はさらに慎重に登り、三〇メートル近い第二堰堤近くまで行き、そこで三〇センチのイワナを釣り上げた。

川岸から、設置されている綱を両手で握り、腕の力を頼りに三〇メートルほどの急坂を登山道まで無事登ることができた。同行の三名は釣果なしだったが、主客の私が四匹と、この時期にしては良かったと、案内の人に誉められた。

釣れたヤマメ

ダム湖で釣れたニジマス

14 地中海の釣り

イタリアの釣り

2018年5月19日から26日

5月20日

シシリーの離島

成田空港からローマ経由で、十数時間かけて、シシリー島へ夜遅く着いた翌々日、二台のバスに乗って二つの「離島」へ観光に出かけた。バスで一時間一五分、観光船で一時間。地中海に浮かぶこれらの島では、マグロがたくさんいた当時は、大型の定置網に入った二メートル近いマグロを網に追い込み、網を引き揚げながら漁師が次々と大きな木造船へ取り込んだそうだ。

マグロは大きな釜で茹で上げ、遊離した油を回収し、マグロの肉はオリーブ油漬けの缶詰にして出荷していたそうだ。しかしマグロの数が減って、一九八一年に廃業に追い込まれ、現在は加工場跡が博物館として残されていた。大規模な工場なので漁師を含め、たくさんの人たちが失業し、大変混乱しただろうと思われた。

総会での基調講演

5月21日

「国際市民スポーツ連盟」総会

「国際市民スポーツ連盟二〇三〇」というスローガンを掲げて、組織改革をしようという提案がなされている。

私はIVV未加入の開発途上国は近い将来、機械化や省力化が進み経済が発展すると予想され、人びとが運動不足になることは間違いない。それらの国々へ運動不足が手軽に解消できるウォーキングを積極的に普及させれば、歩く人が増えIVVへも加入するだろう。そしてまた先進国では高齢化が進みウォーキングクラブへの加入者と、ウォーキングイベントへの参加者が減少傾向にあるが、認知能力の低下、認知症の予防にウォーキング実践が果たす役目は大きいと、声を大にして呼びかければ、高齢者の脱落が減るだろうし、中年の人たちもそれらの予防として歩こうとするだろう、という基調講演をした。

その後、英語圏、ドイツ語圏、フランス語圏に分かれて、それぞれの国の代表者が四〇分間討論を重ね、まとめが報告された。特に具体案が出されたわけではないが、プロジェクトチームを編成し、検討することが決まった。

今回の総会での最大の関心事は、二〇二一年に開催される「IVVオリンピアード」をどこにするかだった。アメリカ合衆国のアーリントンと韓国のソウルが立候補し、プレゼンテーションの後、投票に移り韓国が圧倒的多数で決まった。韓国の人はもちろんだが、応援してきた私としても、とてもうれしかった。

5月22日

創立五〇周年記念式典

一九六八年に創立された国際市民スポーツ連盟の創立五〇周年を記念する式典が行われた。シシリー島の南西部に位置するムザーラ・デル・バロ市の市議会が行われる庁舎での挙行である。古い教会と思われる建物を復元した会議場で、市議会が開催されるとき、市民が聴講できるように、一〇〇名近い人が座れるようになっている。

まず、白い髭をたくわえた市長が歓迎の挨拶をした後、名誉会長が五〇年の歴史を、事務局長が現状の問題点を、会長が今後の展望を、それぞれ話した。その間、創立時の三カ国に大きなトロフィーが、各国代表には小さな置物が贈呈された。また、地元の有名な音楽専門学校の学生たちが、演奏を聴かせてくれた。

5月23日

会長と歩こう

国際市民スポーツ連盟総会では恒例となっている「会長と歩こう」が行われた。一二キロのルートで、まず地中海を右手に眺めながら海岸通りを抜け、橋を渡ってなだらかな丘陵に広がるオリーブとブドウ畑の中を歩く。道端にはさまざまな花が咲き乱れていた。午後早くフィニッシュして、昼食そして昼寝。

道端に咲く花々（一番上は夾竹桃）

5月24日から26日

第四回「IVVオイロピアード」

第四回「IVVオイロピアード」が、総会の行われた町からバスで四〇分ほどにある大型の「パラダイス・ビーチ・リゾート」にあるホテルを主会場に行われた。長い砂浜が広がる景色のよい丘の上に建つホテルで、六キロ、一二キロ、二〇キロのウォーキング、三〇〇メートルのスイミング、二五キロのサイクリングが行われた。スタート時刻は自由で、十四時三十分までにフィニッシュするという決まりである。

初日は砂浜を往復した。歩きづらいので帰りは裸足になって、波打ち際を歩いた。その後、四〇メートルほどの長さのプールで三〇〇メートルを三回泳いだ。というのも、水が冷たくて、休んで日光浴をして暖を取る必要があったからである。

二日目は、疲れたので休養。しかし、十六時三十分から、宮殿の遺跡がある記念公園で、閉会式が行われた。円柱が並び立つ宮殿の横には、壊れて修復されないままの円柱などが転がっていた。公園の入り口から、地元の音楽舞踏団が先頭にフラッグを掲げて、高さ三〇メートル以上はあると思われる宮殿の遺跡までパレード。宮殿前の仮設のプラットフォームでは、少女合唱団がベートーベンの交響曲第九を合唱して出迎えてくれた。ホテルに戻り夜十時からの食事。

三日目は、主会場までバスに乗り、六キロ歩いて、三〇〇メートル泳ぐのを三回繰り返した。

水泳プール

民族衣装でのパレード

修復された宮殿

総会やウォーキングの合間に、地中海で釣りを試みた。フランス、トルコで経験していたので、なにかしら釣れると確信していたからである。

ところが、離島への観光では釣りはできないといわれ、釣り具を持参しなかった。しかし、観光船内で食事をしているときに、パスタを海へ放り込むとやや大きめのたくさんの魚が寄ってきた。魚がいないわけではなく、釣り具を持参しなかったのがとても残念だった。

そして、持参した釣り具を持って、漁港の近くの防波堤で釣り始めた。前の晩の食事に出たタコとエビを刻んで餌にしたが、一五センチぐらいのハゼが釣れただけ。近くで見ていた人が、ゴカイの餌を分けてくれた。一〇センチほどのハゼが釣れた。翌日の早朝、ホテルの前で残っていたゴカイを餌にすると、見たことのない魚が二匹釣れた。餌がなくなったので、釣り具屋を見つけて、ゴカイがあるかと尋ねたところ売り切れだった。

どうしても釣りたい思いで、歩いているとき見たカタツムリを砕いて餌にして釣ってみた。確かに浮きがピクピク動き食いついているのがわかったが、釣り上げることはできなかった。持参した釣り針が、大きすぎたのも釣れなかった理由かもしれない。しかし、紺碧の空に、海、地中海の海岸を満喫することができた。

シシリー島で釣れた魚

第Ⅳ部　自然を楽しむフィッシング

――放送大学教材

日本の釣りの分類

釣り方		対象魚
海釣り	投げ釣り	キス、カレイなど
	防波堤釣り	アジ、サバ、クロダイなど
	磯釣り	イシダイ、メジナ、クエなど
	船釣り	マダイなど(海の魚のほとんどすべて)
河川・湖沼釣り	上流での釣り	イワナ、ヤマメ、ニジマスなど
	中下流での釣り	ウグイ、オイカワ(ハエ、ヤマベなどという)、タナゴ、マブナ、コイなど
	アユ釣り	アユ
	ヘラブナ釣り	ヘラブナ

釣り（フィッシング）といっても、いろいろある。その中で、わが国で人気の高いのは、ほとんど座ったままでの「ヘラブナ釣り」、あまり移動せず腰まで流れにつかってその場で竿をふる「アユの友釣り」、岩場に立ったままでの「磯釣り」である。これらは、からだ全体を十分に動かすという視点からは、やや不足気味である。

アメリカ合衆国で報告されている運動強度としては、「座って釣る」は2・0メッツ、「ボートに乗って釣る」は2・5メッツ、「土手の上から立ったままで釣る」は3・5メッツ、そして、「土手の上を歩きながら釣る」は4・0メッツと高くなり、「ウェーダー（防寒用防水された長靴）を着て水中を移動しながら釣る」は6・0メッツとなる。（注／1メッツは安静にしている状態）

ここでは「ねばり強さ」を必要とする「渓流釣り」と、「力強さ」を必要とする海浜での「投げ釣り」を中心に解説する。

1　大学でのフィッシングの授業

アメリカ合衆国では、魚をとることを職業としない人の釣りを「スポーツ・フィッシング」といい、州ごとに異なるフィッシング・ライセンス（許可証）の携行が義務づけられている。そして、ライセンスに加えて、釣る場所によって一日に釣って持ち帰ってよい魚の種類、大きさ、数などが決められている。

例えば、カリフォルニア州でのサーモン・フィッシングは、オーシャン（海釣り）・ライセンスを購入した上で、一人が一日に釣って持ち帰ることができるのは、四二センチ以上の大きさで三匹以内と決められている。もっとも厳しいと思われるのは、イエローストーン国立公園内で、生餌は使用が禁じられ、フライ・フィッシングだけが許可されている。さらに、禁漁地区、キャッチ・アンド・リリース（釣る、そして、放す）地区、三匹までは持ち帰り自由の地区、といったことが川ごとに明示されている。

このように「スポーツ・フィッシング」が盛んなアメリカ合衆国の大学では、かなり前から「フィッシング」という授業が行われていたと聞いていた。そこで、オレゴン州立大学コーバリス校の二〇〇五～二〇〇六年冬学期について調べてみると、三つの授業が身体活動科目として行われていた。

「Fly Fishing I」は、海の魚を対象魚とした、竿の振り方、合わせ方、ルアー（擬餌）のつけ方、用具の選び方、用語解説、オレゴン州海釣り規則などが授業内容である。

「Fly Fishing II」は、川や湖のマスを対象魚とした、竿の振り方、合わせ方、フライ（毛針り）のつけ方、用具の選び方、用語解説、オレゴン州川釣り規則などが授業内容である。

「Steelhead Fishing」は、オレゴン州の河川に海から遡上する沿岸の虹マス（costal rainbow trout）と呼ばれる一メートル近い大きさの「スチールヘッド」を対象魚とした、右記二つと同様な授業内容である。

日本の大学では、筆者の知るかぎり、一九九〇年代の終わりごろ二～三年間開講された「ヘラブナ釣り－日本独自のスポーツ・フィッシング」と題した、東京大学教養学部の全学自由研究ゼミナール

イエローストーン国立公園の釣りの規則

水産庁の資料（2005年版）パンフレット

の授業であろう。そのシラバスの中では、次のように説明されている。

「ヘラブナ釣りの楽しみは、自然の中に入り、とぎすました五感からの情報を統合して、自然を理解しようとする身体活動に他ならない。ヘラブナ釣りは感覚で（を）楽しむスポーツなので、身体で実際に体験して実感しなければ、この身体知は理解できない。……中略……ヘラブナ釣りを通じてスポーツ、身体知、自然環境、科学技術、伝統文化などについて考えてもらいたい。」（篠原稔、一九九六）

2　釣りのルールとマナー

営利を目的としないで水産動植物を採捕する行為のうち、調査や試験研究を除いたものを、「遊漁」という。具体的には、釣り、潮干狩り、磯場での生き物採集などが該当する。趣味として行う釣りは、この「遊漁」に当たる。他方で、営利を目的とした、言い換えれば、生活のために、水産動植物を獲っているのを「漁業」という。

したがって、公共水面である川や海で、天然資源であって無主物（誰のものでもなく、採捕した人に所有権が生じる）である魚を対象とする「遊漁」と「漁業」とは、有限な天然資源を

釣りに関する制度

遊漁船業の発展やプレジャーボートの行動範囲の拡大といった状況の中で、資源利用者としての釣り人が漁業者や遊漁船業者とともに、水産資源の持続的な利用と適切な保存管理の実現に協力することが求められています。
水産動植物の採捕に関する規制を知り、これからも楽しい釣りが続けられるように釣り人ひとりひとりが取り組んでいく必要があります。

漁　業　法

漁業権、指定漁業、海区漁業調整委員会指示などを規定しています。

漁業権には、定置漁業権、区画漁業権、共同漁業権の3種類があります。
＊漁具等を破損したり、養殖物や定置網に入っているものを採ってはいけません。

漁業調整規則

漁業法第65条及び水産資源保護法第4条により各都道府県ごとに定められています。この中で、遊漁者が行える漁具漁法が、下記例示のように列挙されています。また、まき餌釣に関する規制も本規則において定められており、平成17年9月現在、図のとおりとなっています。

都道府県漁業調整規則例
（遊漁者等の漁具漁法の制限）

漁業者が漁業を営むためにする場合若しくは漁業従事者が漁業者のために従事してする場合又は試験研究のために水産動植物を採捕する場合を除き、次に掲げる漁具又は漁法以外の漁具又は漁法により水産動植物を採捕してはならない。

一　竿釣り及び手釣り
二　たも網及び叉手網
三　投網（船を使用しないものに限る。）
四　やす、は具
五　徒手採捕
六　・・・・・・

図：遊漁者のまき餌釣りに関する規制の状況
（平成17年9月1日現在）

水産資源保護法

水産資源の培養を図り、その効果を将来にわたって維持することにより、漁業の発展に寄与することを目的としています。
＊内水面でサケを採捕してはいけません。
＊水産動植物の産卵育成のため、保護水面を都道府県知事が指定し、採捕禁止期間等を設定した場合は水産動植物を採捕してはいけません。

海区漁業調整委員会指示

都道府県の海区漁業調整委員会等は、漁業調整上必要があると認めたときは、関係者に対し水産動植物の採捕に関する制限等の指示をすることができます。

漁場利用協定等

沿岸域の漁場を利用している当事者同士（漁業関係者、遊漁関係者等）が締結した漁場の利用に関する協定や申し合わせ事項は、釣り人もそれらの取り決めを尊重する必要があります。

内水面の釣りに関する規則

漁業法、水産資源保護法及びこれらに基づく漁業調整規則のほか、各地域の漁協が定める遊漁規則による規制があります。

漁業法第129条により、内水面における第5種共同漁業権の免許を受けた漁協が当該漁場の区域において、遊漁者の水産動植物の採捕について制限をするときは、遊漁規則を定めています。

遊漁規則には、遊漁料の額、遊漁承認証、遊漁に関して守るべき事項が規定されています。

5

釣りの規則

捕獲するという点で競合することになり、共生を図らなければならないのは当然である。

(1) 釣りのルール

「遊漁」に関するルールのうち、釣り人に直接かかわる内容を次に説明しよう。まず、「魚業法」に基づいて共同漁業権の免許を受けている、内水面(河川・湖沼など)を管理する漁業共同組合は、都道府県知事の許可を得て「遊漁規則」を定めている。この規則によって、遊漁料、遊漁承認証、遊漁期間などが定められている。その詳細は、各河川・湖沼で異なっているので、確認しなければならない。

次に、「水産資源保護法」によって、魚が産卵し、稚魚が成育するのに適しているとみなされる河川でのサケの採捕は、特別な場合を除いて禁止されている。

さらに、「漁業調整規則」によって、遊漁者のまき餌釣りが、禁止されている、あるいは、一部規制されている都道府県があるので注意しなければならない。

リール竿でトローリング

最後に、「外来生物法」に基づいて、特定外来生物に指定されているオオクチバス、コクチバス、ブルーギル、チャネルキャットフィッシュは、釣った魚を持って帰って飼うこと、移動させて放流することが、禁止されている。ただし、釣った魚をその場で放す(キャッチ・アンド・リリース)は、このルールの規制を受けない。

(2) 釣りのマナー

基本的に言えば、自分自身を含め多くの人たちが持続的に、気持ちよく釣りが楽しめるように心がけることである。そのために、まず、釣り場の環境を大切にすることで、空き缶、ビニール袋、餌の残り、釣り針や釣り糸などは、捨てずに持ち帰る。次に、資源保護のため、小さな魚や卵を持った魚は、リリースする。また、必要以上の魚を釣り、持ち帰らない。そして、漁業従事者との競合を避けるため、定置網、養殖生け簀など、また、操業中の漁船の近くでは釣らない。

（3）釣りの安全

釣りに行くときは、余裕のある計画を立て、できれば仲間と一緒がよい。アユ釣りのような長い竿を使う川釣りでは、電線に釣り糸が引っかかって感電死する恐れがあるので、頭上には絶えず注意する。また、川の上流で雨が降っている場合やダムの放流によって、増水することがあるので注意する。山奥の釣りでは、熊、まむし、蜂などからの襲撃が予想される場合は、十分な準備が必要である。

投げ釣りでは、周りに人がいないか確かめてから投げる。テトラポットの上からの釣りは、転落の恐れがあるのでやらない。夜の釣りは、光源を確保しておかなければ、危険である。

3　渓流釣り

（1）釣り場所

川の上流で山間部を流れる部分を、渓流という。したがって、上流へ上がれば上がるほど、人家は少なくなり、流れは急になる。それだけに、生活廃水による汚染は見られず、田畑からの泥水も流れ込まず、水は澄んできれいである。また、両岸が切り立った崖であったり、途中に滝があったりと、釣り登っていくのには体力が必要とな

振り出し竿

渓流釣り：川の中を歩きながら釣る

る。対象となる魚は、イワナ、ヤマメ（アマゴ）などの他、外来魚である虹マス、ブラウントラウトである。

川は、地形によって流れを変えるため、季節によって魚が住みやすい場所があり、それだけに釣るポイントを見分けることが釣果の決め手となるといっても過言ではない。そして、一つのポイントで釣れる魚も数は多くなく、次々とポイントを求めて川沿いに上っていくことになる。このため、日ごろ歩く訓練をしておかなければ、楽しい渓流釣りができない。

（2）用具

釣り竿、釣り糸、釣り針、そして、餌が最低必要である。例えば、渓流に人工的に釣り場を設定しているところでは、上記の用具さえあれば魚を釣ることができる。ところが、自然の渓流での釣りとなると、それ以外に必要となるものがある。まず、山を上る、川を横切るためのシューズとウエアが、不可欠である。次に、釣り竿は川に合った長さのものを用意しなければならない。そして、時季に合った餌を用意する。さらに、予備の竿、釣り糸、釣り針、餌箱、加えて、飲料水、食事、その他、ナイフ、鋏み、タオル、虫除け薬、雨具などを入れて背負うデイパック、さらに、魚を取り込む「たも」と入れる「びく」、が必要である。

（3）餌

餌は、昆虫や魚卵などと、フライとも呼ばれる擬餌とに大別される。魚卵は、イクラ、スジコが一般的であるが、カジカの卵を使う場合がある。昆虫では、山ブドウのつるの中に棲むブドウ虫、イタドリの木につくイタドリの虫なども、市販されている

フライ・フィッシング

ので求めやすい。よく釣れるのは、その川の底に住む川虫（チョロ虫、クロカワ虫など）で、川底の石をどけてみれば見つけることができる。成虫では、蛾、蝶、蜘蛛、トンボ、コーロギなどは、夏になるとよく釣れるようになる。そして、どこでも捕れるミミズが広く使われている。

フライは、川虫、昆虫、小魚などに似せて人工的に作られたもので、水面に浮くフライ（ドライフライ）と、水面下に沈むフライ（ウエットフライ、ニンフフライ、ストリーマー）とに大きく分けられる。フライは、外国から伝えられた竿とリールとからなるフライ・フィッシング用のロッドを使うときに用いられる。しかし、日本でも、テンカラ釣りと呼ばれ、フライは古くから作られていた。

（4）竿の振り方

渓流釣りの場所には、周囲に樹木があることが多く、利き手で持った竿を立てて、逆の手でつまんだ餌のついた釣り針を、川の目標となるところへ振り込む。あるいは、釣り針の部分をやや引っ張って、竿先の反動を利用して、餌を振り込む。

通常、立っている場所の上流に向って餌を入れ、流れにまかせて餌を下流へ流していく。水深にもよるが、水面から三〇センチから五〇センチ上に目印をつけておくと、餌の位置や魚が食いついた瞬間がわかりやすい。

フライ・フィッシングは、ミチ糸の重さで投げる必要があるから、まず指導を受けて練習した方がよい。

（5）渓流釣りでの心拍数

渓流釣りの運動強度は、4～6メッツと思われるが、実際の運動強度を心拍数変動

リール竿で釣る

から推測することにした。筆者自身（当時六九歳）が標高八七〇メートルから、二二分かけて林道を歩き（１００拍／分）、沢へ入る。立ち止まって釣りの仕掛けの用意をするので、心拍数は80拍／分へ下る。それから約四時間かけて一〇五〇メートルまで釣りながら上る。歩く、立ち止まって釣る、そして歩くので、心拍数は90拍／分から１１０拍／分へと動揺し、四時間後昼食を摂るときには80拍／分へと下がる。再び一時間ほど釣り標高一一〇〇メートルで終了。約一時間林道を下る。ときどき「フキノトウ」を摘みながらなので、心拍数は１１０～１２０拍／分であった。全行程約六時間三〇分、歩数は八六五七歩であった。心拍数の平均は１００拍／分と、筆者にとっては適当な運動強度であった。同行した運動習慣のない中年（四七歳）男性では、やや高く１１９拍／分であった。

4　投げ釣り

（1）釣り場所

根がかりを避けるため、基本的には餌を投げ入れる沖が砂地であることが望まれる。投げる場所は、砂浜や防波堤の上である。対象となる魚は、シロギス、カレイにヒラメ、メゴチにマゴチ、イシモチ、ハゼなどであるが、岩礁帯近くでは、クロダイ、メジナなどである。

（2）用具

投げ釣りの竿は、重いオモリを飛ばすため、四・〇～四・五メートルの軽くて反発力の強いものが一般的で、遠くへ投げるときは五メートルぐらいの長めの竿、近いポイントを狙うときは三メートルぐらいの短めの竿がすすめられる。

竿のグリップエンド近くに、ミチ糸を巻いたスピニング・リールをつける。ミチ糸の先にチカラ糸を結び、ヨリモドシをはさんで、二〇～三〇号のオモリつきテンビン（L型、非L型）をつなぐ。その先に、市販されている二～三本の釣り針がつながったものを結べばよいだろう。投げ釣り用のミチ糸には二〇メートル、あるいは、二五メートルごとに異なる色で染められていて、飛距離を知ることができる。

（3）餌

投げ釣りの餌は、イソメ類（ジャリメ、アオイソメ）が広く使われている。ハゼやシロギスを狙うときは、三センチぐらいに切って使う。もう少し大きいのを狙うときは、一匹を通し刺し、あるいは、チョン掛け、さらにカレイなど大物を狙うときは、数匹を房掛けになるようにつける。

（4）竿の振り方

重量のあるオモリと餌を、目標とするところへ投げ込むため、何度か練習する必要がある。利き手でリールの直ぐ先でベイルアーム（リールのミチ糸を止める輪）をはずしたチカラ糸を指で押さえて、逆の手で竿のグリップエンドを握り投げる。投げに入って、オモリがもっとも加速され竿の弾力が効き始めたとき（竿先がからだより前に進み始めた瞬間）、チカラ糸を指から離す。このチカラ糸を離すタイミングはきわめて難しいので、反復練習が必要である。

投げ方は、オーバーハンド・スローとスリークォーター・スローがある。オモリが着水したら、直ちにベイルアームをもどし、ある程度巻き戻しミチ糸がピンと張った

アメリカの高齢者住宅街にある釣り池

オランダの堤防の土手で釣る老人

状態を保つようにする。

5　高齢者の釣り

いろいろな釣りの中から、ねばり強さと力強さという観点から、渓流釣りと浜での投げ釣りを主として解説してきた。ところで、高齢社会のわが国では、老人に適した釣りも考慮しなければならないだろう。先にも述べたように、渓流釣りは、脚力とともにバランス感覚、すなわち、高い平衡機能が求められるし、投げ釣りには、全身の筋肉の高いパワーが求められる。しかし、これらの身体能力は、加齢とともに衰えが顕著である。したがって、高齢社会にあっては、老人が楽しめる釣りと、その環境の整備が必要であるといいたい。

例えば、オランダの首都アムステルダムは、海面より低いことで知られている。市街地にはいくつもの運河があって、堤防で水路が保持されている。この運河に面した堤防の上で、老人が持参した腰掛けに座って、釣っているのを見たことがある。しばらく見ていたが、次々と釣れるわけではないが、三〇〜五〇センチのパーチがときどき釣れていた。とにかく、ゆっくりと釣りを楽しんでいるのである。

また、アメリカ合衆国のカリフォルニア州では、南から北に向かっての長い沿岸にいくつもの桟橋が太平洋に向かって造られている。そこからの釣りは、ライセンスが不要である。この桟橋でも、椅子持参の老人が釣り竿を立てて、じっと待つ姿が印象的であった。老人にとっては、釣れなくても時間を費やす機会としては、精神的にいっても、この上ない趣味ではないだろうか。

早くから高齢社会となったアメリカ合衆国では、老人は高齢者向けの団地に住む傾向が強い。インディアナ州インディアナポリス市近郊にある高齢者用団地を、訪問したことがある。この団地には、中央に池が掘ってあり、その周囲に芝生が植えてある。この池に、ブルーギル、ブラックバスが、放流されていて団地に住む老人は自由に釣ることができるようになっていた。

釣れても釣れなくても、ある種の期待感と戸外での活動をともなう釣りは、老人のからだとこころを満足させるよい機会である。老人が、危険なく釣りが楽しめる環境づくりを積極的に進めるべきであるといいたい。

【参考文献】

早川釣生：「渓流づり入門」　土屋書店　２００５

宮下充正：「旅に出て、釣る」　ブックハウス・エイチディ　１９９７

水産庁：「遊漁のルールとマナー」　水産庁資源管理部沿岸沖合課　２００５

水産庁：「日本の釣り」　水産庁資源管理部沿岸沖合課　２００６

スタジオ・ビーイング編：「投げ釣りがわかる本」　地球社　２００４

上田歩：「フライフィッシング完全マスター」　青春出版社　２０００

注：「身体福祉論－身体運動と健康－」（13の一部改訂）　放送大学教育振興会発行　２００７年4月

あとがき

人が旅に出れば、旅先の名産品などおみやげを持って帰るのが普通である。釣りに出掛けたおみやげは、釣れた魚か、釣れた魚の写真か、あるいは、魚にちなんだおみやげである。

魚にちなんだおみやげは、四〇年ぐらい前には、中国にしか見当たらなかった。その代表が、太公望の置物である。太公望は、渭水《いすい》で釣りをしているところを武王に見

太公望

いだされ、周の軍師として力を尽くし、中国の軍師の始祖といわれる人物、呂尚の別称である。毎日のように釣りをしていたので、太公望は日本では釣り好きの人を指す代名詞として使われる。太公望の像とは別に、中国では、魚を描いた皿、魚の形をし

アメリカフライフィッシャーマンとトラウト

太公望

ロイヤルコペンハーゲン

ベルギーの陶磁器

小物入れ

た飾りもの、魚の形をした梳などを見かけた。

アメリカやカナダでは、人気のフライ・フィッシングの釣り師の像、毛バリの掛かったトラウトの置物をよく見かけた。また、魚の魚籠の形をした小物入れなどがめずらしい。

ヨーロッパでは、ロイヤルコペンハーゲンの渓流魚の陶磁器がとてもきれいで、高額な買いものをしてしまった。ベルギーでは魚の飾り皿、シシリー島で見かけたのは、地中海特有の派手な色合いの陶器の壁掛けが印象的であった。韓国ではあまり見かけることはないが、順天市東川の河口にある干潟にいる、ムツゴロウの形をした笛

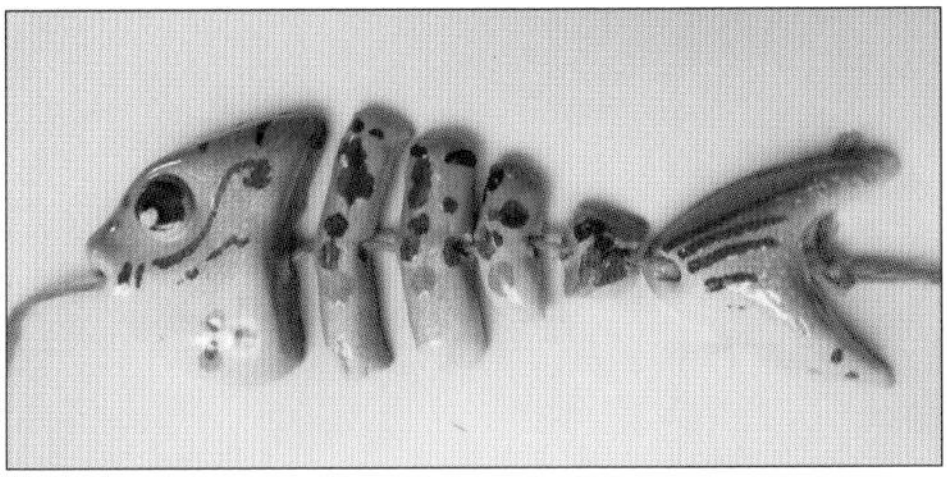

シシリー島の壁掛け

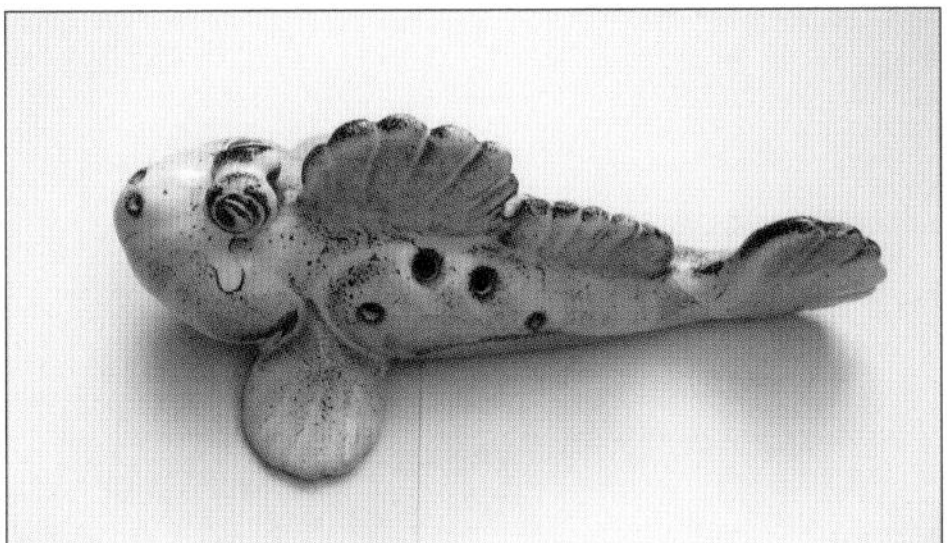

韓国製　ムツゴローの形をした笛

があった。世界各地では、魚を模した色とりどりのかわいらしいガラス細工が作られている。日本ではアユの陶磁器があった。

釣りは、野外で行われるので、大げさにいえば未知との遭遇といえる。同じ川、湖、海であっても春夏秋冬といった季節、晴れ、雨、雪などの天候、朝、晩などの時間帯によって、形相はいろいろと変化する。加えて、種類は同じであっても、必ず初めての魚が釣れてくる。そのため、釣れた魚の写真やおみやげを見ると、そのときどきが強くよみがえってくる。釣れたとき手が感じる竿のしなりの強さ、見たことのな

アユの陶磁器

ガラス製の魚

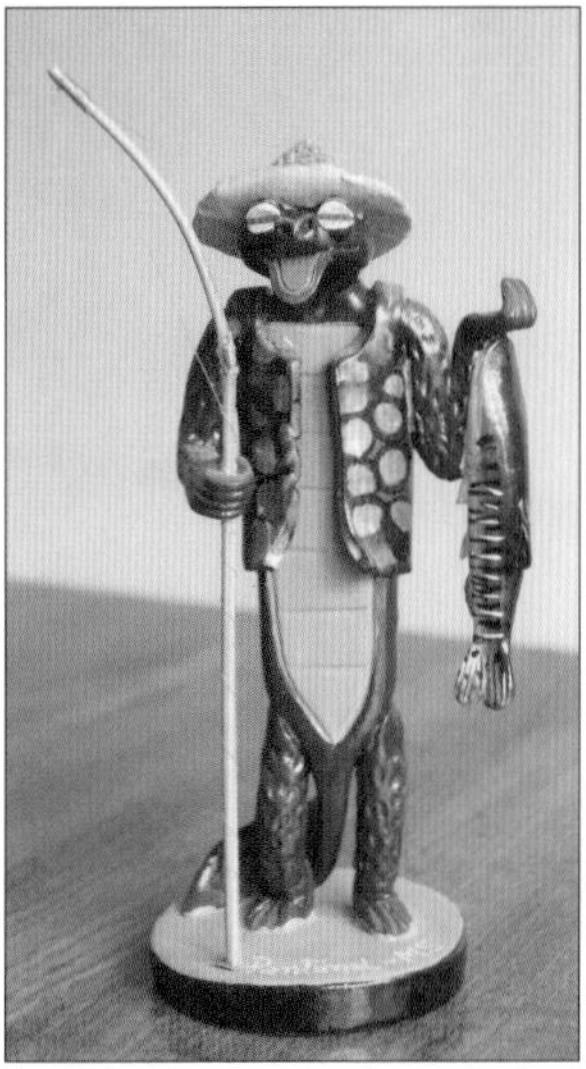
なまず釣りの人形（ブラジル製）

い魚が釣れてきたときの感激、出会った人との思い出などである。また、山奥へと曲がりながら上って行く渓流、朝日が昇る、夕陽が沈む海、といった釣り場での眺めが思い出される。

前書「旅に出て、釣る」の出版に際し、きれいに仕上げてくれた（有）ブックハウス・エイチディの松葉谷勉氏には、今回も丁寧な編集をしていただいた。末尾ながら深謝申し上げたい。

二〇二〇年三月

宮下充正

著者の略歴と著書

１９３６年生。東京大学大学院修了。教育学博士。東京家政学院大学、名古屋大学、東京大学、東洋英和女学院大学、放送大学で勤務の後、東京大学名誉教授、首都医校校長。その間、東京大学教育学部長、日本学術会議15、16期会員、American College of Sports Medicineフェロー、International Society of Biomechanics名誉会員などを務める。

トレーニング、身体運動に関連する主な著書、「トレーニングの科学」講談社　１９８０、「トレーニングを科学する」日本放送出版協会　１９８８、「スポーツスキルの科学」大修館書店　１９８５、「トレーニングの科学的基礎」ブックハウス・エイチディ　１９９３、「勝利する条件」岩波書店　１９９５、「体力を考える」（編著）杏林書院　１９９７、「旅に出て、釣る」ブックハウス・エイチディ　１９９７、「子どものスポーツと才能教育」大修館書店　２００２、「子どものときの運動が一生の身体をつくる」明和出版　２０１０、「運動の指導～６つの〝なぜ〟に迫る」杏林書院　２０１３、「健康寿命を延ばす運動の科学～筋肉をきたえて健やかに生きる～」明和出版　２０１４、「運動するのは楽しい～焼け跡からはじまったスポーツ人生」編集工房ソシエタス　２０１７、「疲労と身体運動」（編著）杏林書院　２０１８

ウォーキング関連の著書、「あるく－ウォーキングのすすめ－」暮しの手帖社　１９９２、「ウォーキング・レッスン」講談社　２０００、「ウォーキングブック」ブックハウス・エイチディ　２００６、「１００歳までウォーキング」（共著）（社）日本フィットネス協会２０１０、「こころとからだの健康を求めて－日本を歩く」冨山房インターナショナル２０１３、「脳の働きをまもるウォーキングのすすめ」杏林書院２０１９、がある。
宮下充正会長ウォーキング日記：http://ivv-jva.com/walkingdiary.html

続「旅に出て、釣る」
老いてからのフィッシング

二〇二〇年四月十日　第一版第一刷

著　者　宮下充正
発行者　松葉谷勉
発行所　有限会社ブックハウス・エイチディ
〒一六四－八六〇四東京都中野区弥生町一丁目三十番地十七号
電話〇三・三三七二・六二五一
印刷所　シナノ印刷株式会社

ISBN978-4-909011-20-6